W0072328

Iris Schürmann-Mock

»Ich finde es unanständig,
vorsichtig zu leben«

Auf den Spuren vergessener Schriftstellerinnen

Iris Schürmann-Mock

»Ich finde es unanständig, vorsichtig zu leben«

Auf den Spuren vergessener Schriftstellerinnen

AvivA

Inhaltsverzeichnis

Vorbemerkung

Hätte Goethe Suppen schmalzen,
Klöße salzen,
Schiller Pfannen waschen müssen,
Heine nähen, was er verrissen,
Stuben scheuern, Wanzen morden,
ach, die Herren
alle wären
keine großen Dichter worden.

Emerenz Meier (1874–1928)

Die bayerische Schriftstellerin Emerenz Meier bringt es auf den Punkt: Dichtkunst galt als die Domäne der Männer. Frauen hatten ihnen salzend und schmalzend den Rücken freizuhalten. Die Literaturgeschichte ist voll von Beispielen, Christiane Goethe und Katia Mann gehören zu den bekanntesten. Umgekehrt kann man solche Opferbereitschaft mit der Lupe suchen. Im Gegenteil: Nicht selten haben die eigenen Ehemänner ihren schreibenden Frauen Steine in den Weg gelegt.

Und doch haben Frauen seit Jahrhunderten geschrieben, haben Worte gefunden für ihre Situation, ihre Sicht auf die Welt. Sie haben dafür vieles in Kauf genommen: Armut und Einsamkeit, Verachtung und Verfolgung. Kaum eine von ihnen hat vorsichtig gelebt, getreu dem Motto von Emmy Ball-Hennings, das diesem Buch den Titel gab. 25 dieser Schriftstellerinnen aus 250 Jahren werden darin mit ihrem Leben und ihren Werken vorgestellt.

Sie wurden – und werden bis in die heutige Zeit – weniger wahrgenommen, schlechter beurteilt, zu Unrecht schneller vergessen. Selbst Erfolg war nie eine Garantie dagegen: Adrienne Thomas etwa erreichte mit ihrem Roman »Die Katrin wird Soldat« ein Millionenpublikum. Darin verarbeitete sie ihre Erfahrungen als Krankenschwester im Ersten Weltkrieg. Heute wird sie kaum noch erwähnt. Oder Gabriele Reuter, die mit ihren realistischen, feinfühligen Romanen über die ganz gewöhnliche Tragik vieler Frauenleben Furore machte. Ihr Buch »Aus guter Familie« erreichte 28 Auflagen. Schon zu Lebzeiten war sie nur noch einigen bekannt.

Vergessen zu werden – das hat ganz unterschiedliche Ursachen und Ausprägungen. Bei manchen Schriftstellerinnen, Lena Christ etwa oder Hedwig Lachmann, sind die Werke nur noch regional lebendig, obwohl sie darüber hinaus Bedeutung haben. Andere sind zwar präsenter oder wurden in den letzten Jahren wiederentdeckt, werden jedoch vor allem in Fachkreisen oder in der feministischen Literatur gewürdigt.

Nicht wenige Schriftstellerinnen verschwanden hinter dem Werk berühmter Männer, Inge Müller zum Beispiel, die hauptsächlich als Ehefrau von Heiner Müller bekannt ist, oder Margarete Steffin, ergebene Mitarbeiterin von Bertolt Brecht, deren eigenständige Arbeiten erst fünfzig Jahre nach ihrem Tod entdeckt wurden. Dramatisch ist auch die Geschichte der begabten Sophie Mereau, deren zweiter Mann Clemens Brentano keine geistig freie Frau an seiner Seite ertrug und alles daransetzte, ihre Kreativität zu unterdrücken. Zu dieser Zeit und noch lange danach duldete die Gesellschaft keine Eigenständigkeit bei Frauen. Eine wie Louise Aston, die im Leben und im Schreiben bewusst gegen Normen verstieß, war deswegen zu einer jahrzehntelangen Flucht verurteilt.

Bedrückend sind vor allem die Schicksale der Autorinnen, deren Arbeit und oft auch deren Leben gewaltsam von Unrechtsregimen beendet wurden. Gleichzeitig ist ihre Stärke bewundernswert. An einige von ihnen erinnert dieses Buch, zum Beispiel an die Jüdin Alma Johanna Koenig, die ihren letzten, wichtigsten Roman »Nero, der jugendliche Gott« in einer eiskalten Dienstmädchenkammer schrieb, bevor sie deportiert und ermordet wurde. Oder an Edeltraud Eckert, die mit ihren Gedichten sich und anderen die qualvollen Jahre in DDR-Kerkern ein wenig erhellte.

Häufig spiegeln die Werke der Autorinnen Facetten ihrer Biografie. Caroline Muhr etwa verfasste einen meisterhaften Roman über die Geschichte ihrer Depression. Diana Kempff gestaltete überzeugend das Kindheitstrauma ihrer krankheitsbedingten Fettleibigkeit.

Auch in vielen anderen Gedichten und Romanauszügen wird der persönliche Bezug deutlich, wie man aus dem Vergleich mit den Biografien entnehmen kann. Wer über die Textbeispiele in diesem Buch hinaus mehr erfahren will, erhält unter dem Stichwort »Hintergrund« Informationen über Details und Wissenswertes aus dem Umfeld der porträtierten Frauen sowie weitere Literaturhinweise. Viele der hier genannten Bücher sind nicht mehr aktuell im Buchhandel, sondern nur noch antiquarisch erhältlich.

Nicht nur in ihren Werken können die porträtierten Schriftstellerinnen hier wiederentdeckt werden. Unter dem Stichwort »Spurensuche« wird eine Brücke in die Gegenwart geschlagen. Es werden Orte vorgestellt, an denen die Erinnerung bis heute lebendig ist. Das können kleine Museen sein, in denen persönliche Gegenstände und Originale ihrer Schriften ausgestellt werden, Häuser, in denen sie gewohnt haben, Friedhöfe, auf denen die letzte Ruhestätte zu finden ist, Straßen, die die Namen der Vergessenen bewahren, Wege, auf denen sie gegangen sind. Die Spuren der Dichterinnen und Schriftstellerinnen sind so vielseitig wie ihr Leben und ihre Werke. Nicht alles, was sie geschrieben haben, ist Weltliteratur, doch alles ist es wert, wiederentdeckt und wieder gelesen zu werden. Denn jeder ihrer Texte erzählt von den Schicksalen, den Wünschen und Träumen dieser Frauen aus den letzten 250 Jahren und von den Widerständen, gegen die sie ihre Arbeit verwirklicht haben.

Auf den Spuren vergessener Schriftstellerinnen

Anna Louisa Karsch

»Ohne Zärtlichkeit ward ich zum Weibe«

Anna Louisa Karsch,
geborene Dürbach,
genannt die Karschin,
geb. 1. Dezember 1722
in Hammer bei Schwiebus,
gest. 12. Oktober 1791 in Berlin

Anna Louisa Karsch war die erste freie Schriftstellerin deutscher Sprache, die erste Frau, die vom Schreiben lebte. Sie war eine Berühmtheit. Namhafte Dichter feierten sie als preußische Sappho. Selbst Goethe bat sie, ihm Gedichte zu schicken. In den literarischen Salons bestaunte man ihre Fähigkeit, aus dem Stegreif zu reimen. Sie war befreundet mit Grafen und Prinzen und ein gern gesehener Gast am Hof der Königin Elisabeth

Christine von Preußen. Welch ein steiler Aufstieg für eine Kuhhirtin, die nie eine Schule besucht, der lediglich ein Onkel Lesen und Schreiben beigebracht hatte!

Anna Louisa Karsch war zur Dichterin geboren. Weder ihre kümmerliche Kindheit noch ihre unglücklichen Ehen konnten daran etwas ändern. Ihr Vater war früh gestorben. Ihre Mutter lehnte sie ab, nutzte sie als Magd aus und zwang die erst Sechzehnjährige zur Heirat mit einem gewalttätigen Tuchmacher. Als der nach zehn Jahren genug von ihr hatte, jagte er sie hochschwanger aus dem Haus und ließ sich von ihr scheiden, weil sie ihren Pflichten im Haushalt nicht nachgekommen sei. In der nächsten Ehe mit dem trunksüchtigen Schneider Daniel Karsch ging es ihr kaum besser. Anna Louisa Karsch hat das Elend später lyrisch beklagt: »Ohne Regung, die ich oft beschreibe, / Ohne Zärtlichkeit ward ich zum Weibe, / Ward zur Mutter! wie im wilden Krieg, / Unverliebt ein Mädchen werden müßte, / Die ein Krieger halb gezwungen küßte, / Der die Mauer einer Stadt erstieg.«[1] Weil das Geld nie reichte, zog sie mit ihren Kindern umher und dichtete bei Hochzeiten, Geburtstagen und Jubiläen. Dadurch wurde sie regional immer bekannter. Die Lobeshymnen, die sie nach dem Ausbruch des Siebenjährigen Kriegs auf Friedrich II. schrieb, trugen ihren Ruf nach Berlin. Gönner halfen ihr, dorthin zu übersiedeln. Da hatte sie sich schon elegant ihres zweiten Mannes entledigt: Befreundete Offiziere hatten dafür gesorgt, dass er zum Heer einberufen wurde. Es folgte ein kurzer sorgloser Lebensabschnitt, vor allem während ihres einjährigen Aufenthalts als Gast bei Förderern in Halberstadt und Magdeburg. Doch nach ihrer

Rückkehr kam die Existenzangst zurück. Die Einkünfte aus einer veröffentlichen Gedichtsammlung reichten nur für einen Teil des Lebensunterhalts aus, zumal sie für Kinder und Enkelkinder aufkam. Friedrich der Große hatte ihr in einer Audienz ein Haus und eine jährliche Pension versprochen. Aber die Staatskasse war wegen der Kriegsausgaben leer und die Kunst war auch damals nicht systemrelevant. Erst Friedrich Wilhelm II. ließ ihr zwei Jahre vor ihrem Tod ein Haus bauen. Viele ihrer Gedichte sind aus der Not entstanden, schnell gefertigt, schnell vergessen. Nicht wenige aber zeigen mit ihrem Einfallsreichtum, ihrer frischen Sprache und ihrer Innigkeit eine große Dichterin, die ihr Potenzial nicht völlig entfalten konnte.

An einen jungen Freund

Im März 1763

Der Tugend Freund! der Wahrheit Redner, Du –
Lobst mein Talent, schreibst der Natur es zu.
Sie ist es werth, und ihr gebührt die Ehre,
Ihr dank ich Einfall, Ausdruck, Geist und Schwung;
Mir gab die Kunst niemals Bereicherung,
Und nie nahm ich von einem Meister Lehre.

Mein Vater, der nicht Geld in Kasten wog,
Der war nicht groß, und wo man mich erzog,
War keiner, der das Unterweisen kannte.
Ich spielte ländlich, baute mir im Sand
Oft einen Thurm, er war der Gegenstand
Von einer Wuth, mit der ich ihn berannte.

So kriegerisch, und doch ein Mädchen seyn?
Ja! doch ich lud oft Schäferinnen ein
Zur frischen Milch, zu Tanz und Spielen.
Von ungefähr fand ich als Kind ein Blatt,
Von Franken, der ehmals gedichtet hat,
Und las den Vers, und lernte fühlen.

O, die Geschichte meiner Jugend ist
Zu sonderbar; und weil Du gütig bist,
So darf ich Dich zu meinem Freunde wählen:
Dann werd' ich Dir, Du schöner Dichter! nur
Empfindungsvoll zur Ehre der Natur,
Wie sie mich ausgebildet hat, erzählen.[2]

Gleimhaus, Halberstadt

**Spuren-
suche**

Spurensuche im Haus des Freundes

Das Gleimhaus in Halberstadt ist eines der ältesten
Literaturmuseen in Deutschland (Gleimhaus, Muse-
um der deutschen Aufklärung, Domplatz 31, 38820
Halberstadt, www.gleimhaus.de). Hier lebte Johann
Wilhelm Ludwig Gleim, Dichter, Domsekretär und
eifriger Mäzen für junge Talente. Auch Anna Louisa
Karsch gehörte zu seinen Schützlingen. Ihre Liebe
erwiderte er nicht, doch blieb er ein Leben lang ihr
Freund und Förderer. So war er Mitherausgeber der
Sammlung ihrer »Auserlesenen Gedichte«. Auch eine
ungewöhnliche Ehrung wurde ihr durch seine Bestre-
bungen zuteil: Das Denkmal der Anna Louisa Karsch
ist das älteste Dichterstandbild Deutschlands. Wie die
Dichterin selbst hat es eine bewegte Geschichte. 1784

wurde es im Landschaftspark Spiegelsberge in Halberstadt aufgestellt. Vandalismus gab es auch schon zu jener Zeit, dadurch verlor das Denkmal im Laufe des 19. Jahrhunderts den Kopf. Vor 120 Jahren zog die Statue ins Gleimhaus um. Hier wurde der Kopf erneuert, allerdings glückte die Restaurierung nur mäßig. Weil der Originalzustand nirgends dokumentiert war, orientierte man sich an einem Altersbild der Dichterin. Das Greisinnenhaupt und der ideal dargestellte Körper passten nicht recht zusammen. Erst nach einer behutsamen Neugestaltung im Jahr 2005 präsentiert sich die Karschin angemessen. Im Gleimhaus begegnet man der Dichterin auch an anderer Stelle. Im »Freundschaftstempel«, dem Herzstück des Museums, hängt ihr Porträt zusammen mit denen vieler anderer, die zum Freundeskreis Gleims gehörten. Eine Besonderheit der Ausstellung sind die »Sprechenden Bilder«. Auch das Porträt der Karschin kann zu zehn Themen zum Sprechen gebracht werden. Zu hören sind Ausschnitte aus ihren Briefen, die sich im Archiv des Hauses befinden. Zur ständigen Ausstellung gehört auch eine Erstausgabe ihres Gedichtbandes sowie der berühmte Tränenbrief, in dem die Dichterin ihrem Freund Gleim ihre Gefühle darlegt.

Tränenreicher Brief Anna Louisa Karschs
an Johann Wilhelm Ludwig Gleim, 1.7.1761

Dichtkunst als Familienerbe

Nicht nur Anna Louisa Karsch war literarisch begabt. Ihre Tochter Caroline Louise von Klencke und ihre Enkeltochter Helmina von Chézy traten in ihre Fußstapfen. Von Klenke schrieb vorwiegend Gedichte, die sehr bewundert wurden. Auch sie gehörte zum Freundeskreis Johann Wilhelm Ludwig Gleims und wurde von ihm gefördert. Im Leben hatte sie nicht viel Glück. Ungeachtet der eigenen bitteren Erfahrungen zwang Anna Louisa Karsch die 15-jährige Tochter zur Heirat mit einem groben, ungebildeten Mann. Die Ehe verlief ebenso unglücklich wie die zweite mit Carl Friedrich von Klencke. In späteren Jahren schrieb von Klencke eine Biografie ihrer Mutter, die aber heute kritisch gesehen wird.

Helmina von Chézy, Enkeltochter der Karschin und Tochter von Klenckes, trat schon mit 14 Jahren als Schriftstellerin hervor. Außerdem arbeitete sie als Journalistin, Herausgeberin und Übersetzerin. Sie war sehr vielseitig, schrieb Erzählungen, Libretti und Gedichte, von denen einige vertont wurden. Eines der bekanntesten: »Ach, wie ist's möglich dann«, das auf der Basis eines älteren Volksliedes entstand. Sie war auch politisch aktiv und engagierte sich für soziale Belange.

Das Jubiläum

2022 jährt sich der Geburtstag von Anna Louisa Karsch zum 300. Mal. Zum Jubiläum zeigt das Gleimhaus eine Ausstellung mit dem Titel »Plötzlich Poetin!?« über ihr Leben und Werk und widmet sich dem Themenjahr »Frauen und Künste«.

Lesenswert

Die Gedichte

Anna Louisa Karsch: »Gedichte«, Ausgabe 1792, Edition Holzinger, Berliner Ausgabe, 4. Auflage 2015.

Gedichte online verfügbar unter anderem auf wortblume.de und zeno.org.

Die Briefe

Anna Louisa Karsch war nicht nur Lyrikerin, sondern auch eine der großen Briefschreiberinnen ihrer Zeit. Hunderte von Briefe hat sie allein mit ihrem Freund Gleim gewechselt. »Mein Bruder in Apoll« heißt eine zweibändige Ausgabe mit einer Auswahl des Briefwechsels, herausgegeben von Regina Nörtemann und Ute Pott, Wallstein Verlag, Göttingen 1996.

Das Gleimhaus bereitet zum Jubiläumsjahr eine neue Edition mit Briefen und Gedichten vor: Anna Louisa Karsch: »Briefe und Gedichte«, hg. von Claudia Brandt und Ute Pott, Reihe: Schriften des Gleimhauses Halberstadt, Bd. 13, Wallstein Verlag, Göttingen, November 2022.

Hörenswert und Sehenswert

Der Vortragskünstler Lutz Görner hat Anna Louisa Karsch die Folge zehn seiner Reihe »Lyrik für alle« gewidmet, die auf YouTube zu finden ist.
Darin erzählt er aus dem Leben der Karschin und rezitiert einige ihrer Gedichte.

Das Gleimhaus Halberstadt hat auf seinem YouTube-Kanal ein Video über den Tränenbrief der Dichterin veröffentlicht.

Anmerkungen

1   »An den Dohmherrn von Rochow«, in: »O mir entwischt nicht, was die Menschen fühlen. Gedichte und Briefe«, hg. und mit einem Nachwort versehen von Gerhard Wolf, Fischer Taschenbuch Verlag, Frankfurt am Main 1982, zitiert nach: www.wortblume.de/dichterinnen/dohmroch.htm, letzter Zugriff: 1.8.2022.

2   Aus: Anna Louisa Karschin: »Gedichte. Nach der Dichterin Tode nebst ihrem Lebenslauff herausgegeben von Ihrer Tochter C. L. von Klenke, geb. Karschin«: gedruckt mit Ditericischen Schrifften, Berlin 1792, S. 76 f., zitiert nach: www.deutschestextarchiv.de/book/view/karsch_gedichte_1792?p=7, letzter Zugriff: 1.8.2022.

Sophie Mereau

»Ich traure über mein verlorenes Leben«

Sophie Mereau,
geborene Schubart,
geb. 27. März 1770 in
Altenburg,
gest. 31. Oktober 1806
in Heidelberg

Sie war begabt, freiheitsliebend und so erfolgreich, dass sie sich und ihre kleine Tochter vom Schreiben ernähren konnte. Und doch ähnelte Sophie Mereaus Schicksal dem vieler Frauen zu ihrer Zeit: ein Ehemann, der Unterordnung verlangte. Viel zu schnell aufeinander folgende Schwangerschaften. Ein früher Tod bei der Geburt eines Kindes.

Dabei hatte es zunächst so ausgesehen, als könne sich die zierliche Frau über die herrschenden Rollenbilder hinwegsetzen und ihren eigenen Weg gehen. Ungewöhnlich gut ausgebildet und selbstständig denkend wusste sie schon früh, dass sie schreiben wollte und dass eine Ehe dabei hinderlich wäre. Trotzdem gab die Dreiundzwanzigjährige dem jahrelangen Werben des Juraprofessors Karl Mereau nach. Es war keine Liebesheirat. Doch nach dem Tod ihres Vaters bot ihr Mereau finanzielle Sicherheit. Außerdem reizte sie das Leben in der Kulturstadt Jena, wo sie im Kontakt mit den führenden Köpfen von Klassik und Frühromantik ihre literarischen Ziele erreichen konnte. Friedrich Schiller erkannte ihr Talent und förderte sie durch Gedankenaustausch und durch den Abdruck ihrer Gedichte in seinen Zeitschriften. Ihr erster Roman sorgte für Aufsehen. Unter dem blumigen Titel »Das Blütenalter der Empfindungen« setzte sie sich darin für das Recht der Frauen auf freie Liebe und selbstbestimmte Partnerwahl ein. Dieses Recht nahm sie bald auch für sich selbst in Anspruch und tröstete sich mit Affären über ihren eintönigen Ehealltag hinweg. Nach achtjähriger Ehe wagte sie den Schritt in die Unsicherheit und ließ sich scheiden – ein Skandal im Herzogtum Sachsen-Weimar. Um den Unterhalt für sich und ihre Tochter zu bestreiten, schrieb Sophie Mereau unermüdlich: Romane, Gedichte, Erzählungen, Essays. Sie fertigte Übersetzungen an, gab Jahrbücher und eine Frauenzeitschrift heraus – eine vielseitige, unabhängige Berufsschriftstellerin, der nichts ferner lag als der Gedanke an eine erneute Heirat. Doch dann trat die Vergangenheit auf den Plan in Gestalt von Clemens

Brentano. Schon während ihrer Ehe hatten sie sich ineinander verliebt. Der acht Jahre jüngere Brentano bezauberte Sophie mit seiner sprühenden Fantasie, seinem Temperament, seinem Witz und mit seiner Anbetung. Und er schreckte sie ab mit seiner Eifersucht, seinem Besitzanspruch, seinem Jähzorn. Sie hatte sich von ihm zurückgezogen, doch jetzt, da sie frei war, warb er erneut heftig um sie. Schließlich ließ sich Sophie Mereau auf eine Amour fou ein, die in einer Ehe mündete, als sie schwanger war. Ein uneheliches Kind – dieser Anforderung fühlte sie sich nicht gewachsen. Knapp drei Jahre dauerte die Ehe, eine Verbindung zwischen Himmel und Hölle. In dieser Zeit bewältigte Sophie Mereau vier Schwangerschaften. Ein Kind verlor sie durch eine Fehlgeburt, zwei lebten nur wenige Wochen. Bei der vierten Geburt starb sie mit ihrem Kind. Sie war nicht nur körperlich ausgelaugt. Sie war auch seelisch tief erschöpft durch den Kampf mit einem Partner, der alles daransetzte, ihre Eigenständigkeit zu unterdrücken und ihre Arbeit zu entwerten. »Ich traure über mein verlorenes Leben«, bilanzierte sie, »ich traure, dass ich nichts bin und dass ich noch nicht genug gedemütigt bin«.[1]

An einen Baum am Spalier

Armer Baum! An deiner kalten Mauer
Fest gebunden, stehst du traurig da,
Fühlest kaum den Zephir, der mit süßem Schauer
In den Blättern freier Bäume weilt
Und bei deinen leicht vorübereilt.
O! dein Anblick geht mir nah!
Und die bilderreiche Phantasie
Stellt mit ihrer flüchtigen Magie
Eine menschliche Gestalt schnell vor mich hin,
Die, auf ewig von dem freien Sinn
Der Natur entfernt, ein fremder Drang
Auch, wie dich, in steife Formen zwang.[2]

Marburger Haus der Romantik

Spuren-
suche

Spurensuche in der Romantik

Sophie Mereau war nicht die einzige Schriftstellerin der Romantik, die versuchte, selbstbestimmt zu leben und ihr Talent zu entfalten. Angefeindet, belächelt aber auch bewundert erkämpften sie mit großer Energie einen Platz in der Welt der Literatur. Die Betonung des Individuums, die Wertschätzung persönlicher Gefühle, das waren Merkmale der Epoche, die einen Ausbruch aus der traditionellen Rollenfestschreibung begünstigten. Stellvertretend für alle sei auf drei weitere Frauen hingewiesen:

Caroline Schlegel-Schelling, war die schillerndste und ruheloseste dieser Frauen, der Mittelpunkt der Jenaer Literaturszene. Während ihrer zweiten Ehe mit August Wilhelm Schlegel schrieb sie allein und mit ihm zusammen Übersetzungen, Essays, Rezensionen. Als eigenes schriftstellerisches Vermächtnis hinterließ sie geistreiche und humorvolle Briefe. Zu ihrem Andenken vergibt die Stadt Jena einen Preis für herausragende Essays.

Die Kunst des Briefeschreibens beherrschte auch **Bettina von Arnim.** Ihr Buch »Goethes Briefwechsel mit einem Kinde«[3] machte sie berühmt. Die Grundlage des Romans bildete der stark bearbeite Briefwechsel, den sie mit Goethe geführt hatte. Sie schrieb das Buch als Fünfzigjährige nach dem Tod ihres Mannes Achim von Arnim und nachdem sie vital und bodenständig sieben Kinder großgezogen hatte.

Weniger als Schriftstellerin denn als berühmte Salonière repräsentiert **Rachel Varnhagen van Ense** die literarische Szene der Romantik. In der Dachstube ihres Elternhauses trafen sich Künstler, Gelehrte und Adelige und diskutieren bei dünnem Tee. Sie war Jüdin und aufgrund ihrer Religion und ihres Geschlechts Anfeindungen ausgesetzt, fasste ihre Situation jedoch treffend zusammen in dem Satz: »Kann ein Frauenzimmer dafür, wenn es auch ein Mensch ist?«

Deutsches Romantik-Museum Frankfurt

In mehreren Städten kann man den Spuren der Romantikerinnen folgen.

Das neue Deutsche Romantik-Museum in Frankfurt am Main zeigt eine umfassende Sammlung aus Literatur, bildender Kunst und Alltagskultur.
Großer Hirschgraben 23 – 25, 60311 Frankfurt am Main, www.deutsches-romantik-museum.de

Das Romantikerhaus in Jena erinnert mit einer festen und mit wechselnden Ausstellungen an die literarische Frühromantik. Angeboten werden auch Lesungen und andere Veranstaltungen.

Unterm Markt 12a, 07743 Jena,
www.romantikerhaus-jena.de

Das Haus der Romantik in Marburg beschäftigt sich
mit der Marburger Romantik um 1800, inklusive der
Gesellschaftskultur.
Markt 16, 35037 Marburg,
www.romantikmuseum-marburg.de

Am Heidelberger Universitätsplatz, wo Sophie
Mereau ab 1804 in der heutigen Grabengasse wohnte,
erinnert eine Gedenktafel an die Schriftstellerin.
An der Stelle ihres Hauses steht jetzt die
Triplex-Mensa, wo die Tafel angebracht wurde.

Lesetipp: Katja Behrens: »Alles aus Liebe, sonst geht
die Welt unter. Sechs Romantikerinnen und ihre
Lebensgeschichte«, Beltz & Gelberg, Weinheim,
Basel 2006.

Hinter-
grund

Lob vom Dichterfürsten

Am 29. Juni 1797 schrieb Friedrich Schiller in einem
Brief an Sophie Mereau:

»Ihre Briefe sind recht interessant zu lesen und
mit vielem poetischen Feuer geschrieben; sie machen
mich auf das Ganze sehr begierig, und ich zweifle gar
nicht, dass sie das Interesse des Publikums erregen
werden. Einzelne kurze Stellen würde ich zu mildern
raten.«

Sein Brief an Goethe, einen Tag später geschrieben,
ergänzte dieses Urteil:

»Für die Horen hat mir unsere Dichterin Mereau
jetzt ein sehr angenehmes Geschenk gemacht, und
das mich wirklich überraschte. Es ist der Anfang eines
Romans in Briefen, die mit weit mehr Klarheit, Leich-
tigkeit und Simplicität geschrieben sind, als ich je von
ihr erwartet hätte. Sie fängt darin an, sich von Fehlern
frei zu machen, die ich an ihr für ganz unheilbar hielt,
und wenn sie auf diesem guten Wege weiter fortgeht,
so erleben wir noch was an ihr. Ich muß mich doch
wirklich drüber wundern, wie unsere Weiber jetzt,
auf bloß dilettantischem Wege, eine gewisse Schreib-
geschicklichkeit sich zu verschaffen wissen, die der
Kunst nahe kommt.«[4]

Eine Beziehung in Briefen

Auseinandersetzungen, Missverständnisse, Kämpfe –
der umfangreiche Briefwechsel zwischen Sophie
Mereau und Clemens Brentano gibt Einblicke in die
Beziehung und die Kunstauffassung der Schreibenden. Schon wenige Sätze machen klar, dass das nicht
gut gehen konnte.

»Es ist wahr, ein Gefühl ist in mir, ein einziges,
welches nicht Dein gehört. Es ist das Gefühl der Freiheit. Was es ist, weiß ich nicht, es ist mir angeboren,
und Du verletzest es zuweilen.«
(Sophie an Clemens, 17. November 1804)

»Es ist für ein Weib sehr gefährlich zu dichten.«
(Clemens an Sophie, 10. Januar 1803)[5]

Lesenswert

Der Briefwechsel

»Lebe der Liebe und liebe das Leben. Der Briefwechsel von Clemens Brentano und Sophie Mereau«,
mit einer Einleitung hg. von Dagmar von Gersdorff,
Insel Verlag, Frankfurt am Main 1981.

Sophie Mereau ist im Gutenberg-Projekt als
Sophie Friederike Brentano zu finden, also nicht mit
dem Namen, unter dem sie die meisten ihrer Werke
veröffentlichte.

www.projekt-gutenberg.org/brentano/briefe/

Das Werk
Sophie Mereau-Brentano: »Liebe und allenthalben
Liebe. Werke und autobiographische Schriften in
drei Bänden«, hg. von Katharina von Hammerstein,
Deutscher Taschenbuch Verlag, München 1997.

Die Biografie
Dagmar von Gersdorff: »Dich zu lieben kann ich nicht
verlernen. Das Leben der Sophie Brentano-Mereau«,
Insel Verlag, Frankfurt am Main 1984.

Anmerkungen

1   Zitiert nach Dagmar von Gersdorff: »Dich zu lieben kann ich nicht
      verlernen. Das Leben der Sophie Brentano-Mereau«, Insel Verlag,
      Frankfurt am Main 1984, S. 362.
2   Sophie Mereau-Brentano: »Ein Glück, das keine Wirklichkeit
      umspannt. Gedichte und Erzählungen«, hg. und kommentiert
      von Katharina von Hammerstein, Deutscher Taschenbuch Verlag,
      München 1997, S. 31.
3   Bettina von Arnim: »Goethes Briefwechsel mit einem Kinde«,
      Insel Verlag, Frankfurt am Main 1984
4   Dagmar von Gersdorff, a.a.O., S.125
5   www.projekt-gutenberg.org/brentano/briefe/,
      letzter Zugriff: 1.8.2022.

Louise Aston

»Freiem Leben, freiem Lieben bin ich immer treu geblieben«

Louise Aston,
geborene Hoche,
geb. 26. November 1814
in Gröningen,
gest. 21. Dezember 1871
in Wangen im Allgäu

Zwangsheiraten, Kinderehen, ein Leben ohne jede Chance auf Bildung und Selbstbestimmung – Louise Astons Romane erzählen vom Schicksal der Frauen in der Mitte des 19. Jahrhunderts. Leidenschaftlich schrieb sie dagegen an: »Ich verwerfe die Ehe, weil sie zum Eigentum macht, was nimmer Eigentum sein kann: die *freie* Persönlichkeit; weil sie ein Recht gibt auf *Liebe,* auf die es kein Recht geben kann; bei der jedes Recht zum brutalen Unrecht wird.«[1] Sie selbst wurde als 20-Jährige mit einem mehr als doppelt so alten reichen Fabrikanten verheiratet, der bereits vier uneheliche Kinder hatte. Mühsam kämpfte sie sich frei und zog nach Scheidung, erneuter Heirat und endgültiger Scheidung mit ihrer vierjährigen Tochter nach Berlin. Hier wollte sie als Schriftstellerin arbeiten und so frei und gleichberechtigt leben, wie sie es in ihren Büchern forderte.

Es gelang ihr, doch der Preis, den sie dafür bezahlte, war hoch. Sie verlor das Sorgerecht für ihre Tochter, wurde anonym angezeigt, bespitzelt, überwacht, in Zeitungsartikeln verhöhnt und mehrfach aus Berlin und anderen Städten ausgewiesen. Eine Frau, die auf der Straße Zigarren rauchte und sich ihre Liebhaber selbst aussuchte, konnte den braven Bürgern nicht zugemutet werden. Dass sie für Demokratie und Meinungsfreiheit eintrat, machte sie noch verdächtiger.

Louise Astons konsequente Haltung bewirkte, dass sie zwischen allen Stühlen saß. Auch bei anderen Frauen, die sich damals schon für die Emanzipation einsetzten, eckte sie an. Gleichberechtigung war zwar deren Ziel. Aber an Institutionen wie Familie und Religion wollten sie nicht rütteln. Anders Louise Aston: »Ich glaube nicht an Gott«, erklärte sie und warf den Pfarrern vor, zögernde 15-Jährige mit dem Hinweis auf Gottes Willen und die Belohnung im Paradies in eine Versorgungsehe zu treiben.

Sie selbst heiratete jedoch noch einmal aus freiem Willen. 1848 hatte sie als Pflegerin mit einem Freikorps am Schleswig-Holsteinischen Feldzug gegen die

Dänen teilgenommen und dabei den Arzt Daniel Eduard Meier kennengelernt. Er teilte ihre Ansichten und sehr bald auch ihr ruheloses Wanderleben. Zusammen wollten sie sich dauerhaft in Bremen niederlassen, wo Meier als leitender Arzt arbeitete. Weil er sich nicht von seiner unliebsamen Ehefrau trennte, wurde ihm gekündigt. Die letzten 16 Jahre ihres Lebens war Louise Aston unterwegs. Mit ihrem Mann lebte sie in der Ukraine, in Siebenbürgen, Österreich, Ungarn und schließlich wieder in Deutschland. Sie schrieb nicht mehr in dieser Zeit und war längst vergessen, als sie im Alter von 57 Jahren in Wangen im Allgäu starb. »Nach Kampf Frieden« steht auf ihrer Grabtafel auf dem »Alten Gottesacker« in Wangen, ein versöhnlicher Schlussstrich unter ein bewegtes Leben, dessen Motto Louise Aston in einem Gedicht formuliert hatte: »Freiem Leben, freiem Lieben / Bin ich immer treu geblieben«.

»Herr Oburn war ein Mann von 50 Jahren, klein und fett, mit einem würdevollen Hängebauch, einem vollen, aufgedunsenen, dunkelrothen Gesicht, mit einer unförmlichen, großen Nase, neben der sich eine zweite kleinere, wie eine Tochterloge, etablirt hatte. Beide waren mit den Farben von Burgunder und Rum malerisch schattirt. Die Stirne, gewiß von der Natur dazu bestimmt, in diesem Gesicht die beste Parthie zu sein, war durch veilchenblaue Adern, die dick hervorquollen und sich kreuzten, wie Heereszüge auf strategischen Karten, unangenehm entstellt. Um den gemeinen breiten Mund zog sich ein Lächeln grober Sinnlichkeit, das an ein thierisches Grinsen erinnerte. Um das Gesicht würdig einzurahmen, fiel spärliches rothes Haar, genial vernachlässigt, von dem ziemlich kahlen Scheitel auf die Schläfe herab. (...)

An der Seite dieses Feuerkönigs schwankte ein bleiches Engelsbild, ein Mädchen mit dem höchsten Liebreiz geschmückt, voll Harmonie und Ebenmaaß. Ein echter Madonnenkopf mit unaussprechlich schönen Augen, einer kleinen, feingeschnittenen Nase, und einem Munde, den die Grazien um sein Lächeln hätten beneiden können; eine hohe, schlanke Figur, an der dennoch jede Form, rund und weich, eine selbstständige Vollendung erstrebte; Hals, Hand und Fuß von seltener Schönheit – alles das schien diesem Wesen von der Natur mitgegeben, auf daß es beglückend in Liebe glücklich sei. (...) Heute war das feine Roth, das sonst die jugendlichen Wangen zierte, verschwunden,

der Mund festgeschlossen, und das Auge blickte starr
und regungslos umher. (...). Ein pietistischer Prediger,
den man rasch aus der Nachbarschaft herbeigeholt,
hielt eine salbungsvolle Traurede, durchdrungen von
überschwänglichem Christenthum; und suchte besonders die große Güte des lieben Gottes nachzuwei-
sen, die sich der Braut so sichtbar offenbarte, indem
sie ihr einen mit Glücksgütern vielfach gesegneten
Ehegemahl zu Theil werden ließ. Als endlich die Ce-
remonie zu Ende war, und der Prediger nach christli-
chem Gebrauch die Worte der Bibel vorlas: »und er soll
dein Herr sein,« da zuckte es schmerzhaft um die Lip-
pen der Braut; und als sie das ewigbindende Ja! aus-
sprach, da richtete sie die Augen gegen den Himmel,
ein Blick, aus dem das verzweiflungsvolle Bewußtsein
sprach, daß sie mit diesem Wort ihr Leben zu einem
ununterbrochenen Opferfeste mache. Die Ehe war geschlossen.«[2]

Spurensuche am Kriegsschauplatz

Louise Astons Aufenthaltsorte sind besonders in Berlin, wo sie überwacht wurde, polizeilich dokumentiert. Doch in der Schumannstraße 1 in Berlin-Mitte erinnert nichts daran, dass die Schriftstellerin 1845 hier wohnte, und die Wirtshäuser, in denen sie verkehrte, gibt es längst nicht mehr. Ihre letzte Ruhestätte kann man auf dem »Alten Gottesacker« in Wangen besuchen.

Eine ganz ungewöhnliche Spur führt nach Norddeutschland in die Gemeinde Altenhof bei Eckernförde. Dort fand am 21. April 1848 eine Schlacht zwischen der Königlich Dänischen Infanterie und einem deutschen Freikorps statt. In diesem sogenannten Erhebungskrieg ging es um die Zugehörigkeit des Herzogtums Schleswig zu Holstein oder Dänemark. Im Hintergrund spielten die nationale Einheit der Deutschen und Forderungen nach einem Verfassungsgesetz und nach Pressefreiheit eine wichtige Rolle. Deshalb kämpften neben der schleswig-holsteinischen Armee Freiwillige aus dem ganzen Land in diesem Korps, unter ihnen als einzige Frau Louise Aston, die mit der Berliner Freischar als Krankenpflegerin angereist war. Sie erregte beträchtliches Aufsehen. Mit Löwenmut stürzte sie sich in die Kampfhandlungen, versorgte mitten im Gefecht Verwundete und half, sie in Sicherheit zu bringen. Obwohl sie selbst durch einen Streifschuss verletzt wurde, widmete sie sich ihrer Aufgabe »mit der größten Aufopferung«[3]. Die Freiwilligen waren von ihr begeistert, wie es aus diesem Tage-

Herrenhaus Altenhof bei Eckernförde

bucheintrag hervorgeht: »Als wir von dem Gefechte in Altenhof ankamen, sah ich durch das große, immer offene Bogentor, durch welches man auf den Herrenhof geht, ein Bild, welches mir unvergeßlich sein wird. Auf dem Hofe unter den Verwundeten mit wallenden Locken hierhin und dorthin geschäftig zwischen den malerischen Gruppen der Unsrigen einhergehend, die Verwundeten verbindend und ihnen Erquickungen reichend, sah ich Lady Aston. Das purpurrote Kleid, der blaue Überwurf von der Sonne grell beschienen, erhöhte zwischen den größtenteils dunklen Kostümen die poetische Erscheinung eines Weibes, das als hilfreicher Engel den zahlreichen Verwundeten erschienen war«[4]. Der Herrenhof, von dem hier die Rede ist, war das Gut Altenhof (24340 Altenhof, www.gutaltenhof.de). Heute ist das jahrhundertealte Anwesen eine exklusive Freizeitanlage. Im Park kann man Golf spielen oder während des Schleswig-Holsteinischen Musikfestivals Konzerte hören. An das Gefecht, das in Strandnähe zwischen Altenhof und Sandkrug tobte, erinnert ein Gedenkstein im Ortsteil Schmeerhörn, der damals noch Strandwache hieß.

**Hinter-
grund**

Ein Fall für den König

Polizeiliche Vernehmungen gehörten zu den Schika-
nen, denen Louise Aston ausgesetzt war. Einschüch-
tern ließ sie sich dadurch nicht, wie aus einem Bericht
hervorgeht, den das Berliner Polizeipräsidium an den
Preußischen König Friedrich Wilhelm IV. schickte:

»Wie beharrlich und rücksichtslos sie ihre Ansicht
durchzusetzen gesonnen ist, geht daraus hervor, dass
sie bei ihrer Vernehmung über ihre persönlichen Verhältnisse ohne Scheu erklärt hat, sie glaube nicht an
Gott und rauche Zigarren. Sie beabsichtige die Frauen
zu emanzipieren und sollte es ihr Herzblut kosten.
Sie halte die Ehe für ein unsittliches Institut und erst,
wenn der Glaube an Gott und das Institut der Ehe fort-
falle, würden die Menschen glücklich sein.«[5]

Lesenswert

Die Romane

Louise Aston hat drei Romane geschrieben:
»Aus dem Leben einer Frau« (1847), »Lydia« (1848)
und »Revolution und Contrerevolution« (1849).
In ihnen beschreibt sie die Lage der Frauen ihrer
Zeit, entwirft zukunftsweisende Gegenentwürfe und
nimmt kritisch Stellung zu sozialen und politischen
Themen.

»Aus dem Leben einer Frau« und »Lydia« sind
in das Projekt Gutenberg aufgenommen worden,

ihr autobiografischer Text »Meine Emancipation.
Verweisung und Rechtfertigung« von 1846 findet sich
als Digitalisat wie auch als Volltext im Deutschen Text-
archiv.

Die Gedichte

Die Gedichte Louise Astons sind in den letzten Jahren
verschiedentlich wieder aufgelegt worden. Zu ihren
Lebzeiten wurde ihr nachgesagt, sie habe die Verse
nicht selbst geschrieben, sondern von zwei jungen
Männern gegen einige Liebesnächte gekauft.

Karlheinz Fingerhut (Hg.): »Louise Aston. Ein
Lesebuch. Gedichte, Romane, Schriften in Auswahl
(1846 – 1849)«, Akademischer Verlag, Stuttgart 1983.

Die Biografien

Eine umfangreiche Quellensammlung zu Leben
und Werk von Louise Aston hat Germaine Goetzinger zusammengetragen. Auszüge aus den Werken,
Briefe, Korrespondenz mit Behörden, zeitgenössische
Beurteilungen, Bilder und andere Dokumente fügen
sich zu einem historisch genauen Porträt über eine
geistreiche, kämpferische Frau.

Germaine Goetzinger: »Für die Selbstverwirklichung der Frau: Louise Aston in Selbstzeugnissen
und Dokumenten«, Fischer Taschenbuch Verlag,
Frankfurt am Main 1983.

Die verschiedenen Facetten der Schriftstellerin und
Frauenrechtlerin hat Barbara Sichtermann in einer
»Hommage an Louise Aston« in getrennten Kapiteln
behandelt. Sie schreibt über sie als Schriftstellerin,

Emanzipierte, Freischärlerin und Ausgewiesene und stellt außerdem ihren Lebensweg vor dem zeitgeschichtlichen Hintergrund dar.

Barbara Sichtermann: »Ich rauche Zigarren und glaube nicht an Gott«, edition ebersbach, Berlin 2014.

Anmerkungen

1   Germaine Goetzinger: »Für die Selbstverwirklichung der Frau: Louise Aston«, Fischer Taschenbuch Verlag, Frankfurt am Main 1983, S. 13.
2   Louise Aston: »Aus dem Leben einer Frau. Autobiografischer Roman.« Hoffmann & Campe, Hamburg 1847. Zitiert nach: www.projekt-gutenberg.org/aston/lebefrau/chap004.html, letzter Zugriff: 1.8.2022.
3   Goetzinger, a.a.O., S. 123.
4   G.L. Martens, »Tagebuch eines Freiwilligen des v. d. Tann'schen Corps«, Hamburg (Eigenverlag) 1848, zitiert nach Goetzinger, S. 124.
5   Goetzinger, a.a.O., S. 53.

Friederike Kempner

»Engelein umschweben unser täglich Brot«

Friederike Kempner,

geb. 25. Juni 1828 in Opatow, Provinz Posen,
gest. 23. Februar 1904 auf Gut Friederikenhof bei Reichthal, Schlesien

Keine andere Dichterin ist so oft parodiert worden, keine andere wurde mit so viel Häme überschüttet wie Friederike Kempner. »Genie der unfreiwilligen Komik« wurde und wird sie genannt und als »Schlesischer Schwan« verspottet. Zeilen wie diese waren von Anfang an Garanten für Lachsalven bei geselligen Abenden »Poesie ist Leben, / Prosa ist der Tod, / Engelein umschweben / Unser täglich Brot.«[1]

Wer Friederike Kempner war und was sie tatsächlich geleistet hat, ist über all diesem Gelächter in Vergessenheit geraten.

Als ihre Gedichtsammlung 1873 zum ersten Mal erschien, konnte sie bereits ein umfangreiches und vielseitiges schriftstellerisches Werk vorweisen. Ihre Novellen und Dramen hatten sie in Schlesien bekannt gemacht. Sie war eine anerkannte Autorin vor allem wegen ihrer sozialkritischen Schriften. Die Tochter reicher jüdischer Eltern wurde sorgfältig ausgebildet und schon früh zu aktiver Nächstenliebe angehalten. Als junges Mädchen pflegte sie Kranke und wachte an den Betten Sterbender. Die Erfahrungen, die sie dabei machte, ließen sie zur leidenschaftlichen Kämpferin für die Einrichtung von Leichenhallen und für eine mehrtägige Frist zwischen Tod und Begräbnis werden. Scheintot begraben zu werden, war vor 150 Jahren noch eine berechtigte Sorge. Friederike Kempner war erst 24 Jahre alt, als sie eine viel beachtete Streitschrift zur Abhilfe verfasste. In Briefen wandte sie sich darüber hinaus an einflussreiche Persönlichkeiten. Ihre Appelle trugen wesentlich zur allgemeinen Einführung von Leichenhäusern im Jahr 1871 bei.

Ebenso erfolgreich war sie bei ihrem Kampf gegen die lebenslange Einzelhaft. Ihr Engagement gegen soziale Ungerechtigkeit und wachsenden Antisemitismus floss auch in ihre dichterische Arbeit ein, zuerst in die Erzählungen und Dramen, schließlich in die Gedichte. Mit deren Veröffentlichung nahm Friederike Kempners Leben eine entscheidende Wende. Durch die ironische Kritik eines Rezensenten wurden die Verse weithin bekannt und erlebten immer neue

Auflagen. Kein Grund zur Freude: Friederike Kempner wurde nicht nur verlacht, sie erhielt auch vor allem antisemitische Drohungen. Sie wehrte sich vergeblich auf ihre eigene Art: »Anonyme Flüche blitzen, / Zünden, treffen und erhitzen / nur den Fluchenden allein. / Armer Flucher, urgemein.«[2] Die letzten Jahre ihres Lebens verbrachte sie sehr zurückgezogen auf ihrem Gut Friederikenhof.

Noch heute amüsieren sich die Menschen über Friederike Kempners schräge Bilder und schiefe Reime. Erst in jüngerer Zeit setzt sich die Literaturwissenschaft ernsthafter mit den Gedichten auseinander. Es bleibt die Frage, wie eine so gebildete Frau so verunglückte Poesie verfassen konnte. Eine überraschende Erklärung lieferte der Autor Peter Hacks. Er meint, dass die Dichterin ihre ganz eigene Komik bewusst eingesetzt habe, um die Öffentlichkeit auf ihre Überzeugungen aufmerksam zu machen.

Logik

Es hört ein wack'rer Kriegersmann
Sich dies Geschichtchen einmal an,
Dem Tod konnt' er ins Antlitz sehen,
Doch jetzt im Aug' ihm Tränen steh'n.

Ein Leichenhaus, ein Leichenhaus,
Ruft er aus vollem Halse aus,
Wir wollen nicht auf bloßen Schein
Beseitigt und begraben sein!

Wir wollen, alle Wetter auch,
Nicht halten an dem dummen Brauch,
Daß man mit uns zu Grabe rennt,
Als wenn man's nicht erwarten könnt'!

Fürs Denkmal haben Gelder wir,
Und um Lebend'ge handelt's hier!
Man sühnt wohl solche Grausamkeit
Nicht mehr in alle Ewigkeit.

Für Tänzer giebt es Raum und Zeit –
O, tiefbetörte Menschlichkeit!
So lang' nicht Leichenhäuser sind,
Seid Alle Ihr so schlecht als blind! [3]

Familiengrab auf dem jüdischen Friedhof in Breslau

Spuren-
suche

Spurensuche auf Friedhöfen

Die Spuren von Friederike Kempners Wirken kann man fast auf jedem Friedhof in Deutschland finden. Überall erinnern die Leichenhäuser an den unermüdlichen Einsatz der Dichterin im Kampf gegen den Scheintod. Ihre »Denkschrift über die Notwendigkeit einer gesetzlichen Einführung von Leichenhäusern« hatte 1871 zum Erfolg geführt. Sie selbst war mit gutem Beispiel vorangegangen und hatte in Droschkau (heute Droszkow), wo sie auf dem Gut ihrer Eltern wohnte, einen solchen Bau errichten lassen.

Ihre letzte Ruhestätte liegt auf dem jüdischen Friedhof an der Lohestraße (ul. Slezna) in Breslau. Dort
wurde ihre Urne in der Familiengruft an der Südmauer
beigesetzt. Im Zweiten Weltkrieg war die klassizisti-
sche Grabanlage bei Kämpfen stark beschädigt worden. Sie wurde erst in den 1980er Jahren weitgehend
wiederhergestellt. Auf Friederike Kempners Grabstein
ist zu lesen:» Ihr Leben war geistiger Arbeit und Werken der Nächstenliebe geweiht.« Friederike Kempner
hat auf die ihr eigene Weise ihren Abschied von der
Welt in einem Gedicht festgehalten. Darin heißt es:

»Gehabt euch wohl, Gott segne euch,
Euch alle im Sonnenlicht,
Dich Vöglein, Röslein, Immergrün,
Die Dornen und die – Würmer nicht!«[4]

Nicht nur Friederike Kempner, sondern auch viele
andere Dichterinnen kann man an ihrer letzten Ruhestätte besuchen. Friedhöfe sind ideale Orte für eine
historische und biografische Spurensuche. Auf dem
Dorotheenstädtischen Friedhof in Berlin-Mitte etwa
sind zahlreiche Prominente begraben, darunter auch
berühmte und weniger bekannte Dichterinnen. Hier
liegen, um nur einige zu nennen, Anna Seghers und
Christa Wolf, die Lyrikerin Annemarie Bostroem und
die Dramatikerin Bettina Fless. Eine gute Übersicht
über die Gräber prominenter Persönlichkeiten aus
aller Welt bietet die Seite »Liste der Begräbnisstätten
von Persönlichkeiten« auf Wikipedia. Dort gibt es auch
weiterführende Links zu vielen Friedhöfen, so dass
man sich direkt über viele der dort beerdigten Personen informieren kann.

**Hinter-
grund**

Der falsche und der echte Großneffe

Das ist wahrscheinlich einmalig in der Literaturgeschichte: Alfred Kerr, ein bedeutender Literaturkritiker in der ersten Hälfte des 20. Jahrhunderts, hieß ursprünglich Alfred Kempner. Obwohl er mit Friederike
Kempner nicht verwandt war – zumindest bestand er
darauf –, verwiesen alle, die etwas an ihm auszusetzen
hatten, auf die angebliche familiäre Verbindung. Ent-
nervt ließ er schließlich seinen Namen ändern, weil
er nichts mit der Frau gemein haben wollte, die die
»schlechtesten je auf diesem Planeten bekannt gewordenen Verse« geschrieben hat. Seinen Widersachern
antwortete er, geschmeidiger als seine Nicht-Tante,
aber ebenso kämpferisch wie sie in Versen:

> »Nächtlich über dem Gebeinfeld
> Hört man manchmal I-a schrein:
> Wenn dem Esel sonst nichts einfällt,
> fällt ihm meine Tante ein.«[5]

Ein echter Großneffe war dagegen der Dichter Hans
Davidsohn, berühmt unter dem Pseudonym Jakob von
Hoddis. Sein Gedicht »Weltende«[6] gilt als Auftakt der
expressionistischen Lyrik:

> »Dem Bürger fliegt vom spitzen Kopf der Hut,
> In allen Lüften hallt es wie Geschrei.
> Dachdecker stürzen ab und gehen entzwei
> Und an den Küsten – liest man – steigt die Flut.

Der Sturm ist da, die wilden Meere hupfen
An Land, um dicke Dämme zu zerdrücken.
Die meisten Menschen haben einen Schnupfen.
Die Eisenbahnen fallen von den Brücken.«

Die Gedichte

Friederike Kempners Gedichte sind in immer neuen Ausgaben erschienen. Allerdings kann man in manchen Fällen nicht sicher sein, ob es sich wirklich um ihre Gedichte handelt, da in einigen vor allem älteren Ausgaben auch Parodien aufgenommen und nicht gekennzeichnet worden sind.

Im Gutenberg-Projekt sind die Gedichte mit den Vorworten der Verfasserin zu allen acht zu ihren Lebzeiten herausgekommenen Ausgaben aufgenommen.

Die erste kritische Gesamtausgabe:

Friederike Kempner: »Dichterleben, Himmelsgabe«, hg. von Nick Barkow und Peter Hacks, Rütten und Loening, Berlin 1989.

Kleines Buch mit guter Auswahl und informativem Vorwort:

Friederike Kempner: »Kennst du das Land wo die Lianen blühn? Gedichte des schlesischen Schwans«, hg. von Frank Möbus, Reclam, Stuttgart 2009.

Neuausgabe der Gedichte von 1903:

Friederike Kempner: »Gedichte. Ausgabe
letzter Hand«, mit Vorwort von Hartmut Lange,
Matthes & Seitz Berlin, Berlin 2004.

Biografisches

Wissenswertes zu Friederike Kempner, ihrer Herkunft,
ihrem Werk und Engagement und dem politischen
und gesellschaftlichen Hintergrund ihrer Zeit findet
sich auf der Website:
www.sachsen-lese.de/persoenlichkeiten/

Anmerkungen

1 Friederike Kempner: »Kennst Du das Land, wo die Lianen blühn?«,
Reclam, Stuttgart 2009, S. 64.

2 Friederike Kempner: »Gedichte«. Text nach der letzten zu Lebzei-
ten erschienenen 8. Auflage, Hofbuchhandlung Karl Siegismund,
Berlin 1903. Zitiert nach der vollständigen Neuausgabe (Hg. Karl-
Maria Guth), Sammlung Hofenberg, Berlin 2015, S. 191.

3 Kempner, »Kennst Du das Land, wo die Lianen blühn?«, S. 50.

4 Kempner, ebd., S. 79.

5 Zitiert nach Gerhart H. Mostar: »Friederike Kempner, der
schlesische Schwan«, Deutscher Taschenbuch Verlag, 3. Auflage,
München 1968, S. 9.

6 Jakob van Hoddis: »Weltende« in: »Das große deutsche Gedicht-
buch«, hg. von Karl Otto Conrady, Artemis & Winkler, 4. Auflage,
München 1995, S. 443.

Gabriele Reuter

»Und plötzlich wusste ich, wozu ich auf der Welt war«

Gabriele Reuter,
geb. 8. Februar 1859
in Alexandria,
gest. 16. November 1941
in Weimar

Wer Gabriele Reuters Romane liest, sieht die Frauen der wilhelminischen Zeit vor sich, so bildhaft, lebendig und psychologisch genau hat die Autorin sie dargestellt. Ihre Bücher erzählen von ahnungslosen Mädchen und alten Jungfern, von ledigen Müttern und vergewaltigten Hausmädchen und immer wieder von den bürgerlichen Frauen im patriarchalischen Korsett.

Wenn sie sich anpassten, wurden sie ein Leben lang gegängelt. Suchten sie aber einen eigenen Weg, dann verstießen sie gegen die von Gott und Kaiser gegebene Ordnung und wurden schwer bestraft, ausgestoßen oder als Nervenkranke behandelt.

Gabriele Reuter sah es als ihre Lebensaufgabe an, ihnen eine Stimme zu geben: »Und plötzlich wußte ich, wozu ich auf der Welt war –: zu künden, was Mädchen und Frauen schweigend litten«[1], schrieb sie 1921 in ihrer Autobiografie »Vom Kinde zum Menschen«. Mutig schilderte sie die Scheinheiligkeit und Doppelmoral der Gesellschaft. Ihr Schlüsselroman: »Aus guter Familie – Leidensgeschichte eines Mädchens« machte sie berühmt und brachte die Gemüter in Wallung. Viele erkannten sich darin wieder, drohten Prozesse an, beendeten persönliche Beziehungen. Dem Erfolg tat das keinen Abbruch, allein von diesem Roman wurden 28 Auflagen verkauft. Einen Skandal löste auch ihr Roman »Das Tränenhaus« aus, in dem sie die Zustände in einem Haus für ledig Gebärende schilderte. Sie hatte es selbst erlebt: 1897 brachte sie dort eine uneheliche Tochter zur Welt.

Gabriele Reuter hat häufig autobiografische Details in ihre Bücher einfließen lassen. Sie kam selbst aus gutbürgerlichen Verhältnissen. Einen Teil ihrer Kindheit verbrachte sie in luxuriöser Umgebung in Ägypten. Doch die Idylle endete abrupt, als der Vater starb und die Familie 1873, ein Jahr später, das gesamte Vermögen verlor. Ungewöhnlich selbstständig übernahm Gabriele Reuter Verantwortung für ihre jüngeren Brüder und die depressive Mutter. Schon als 16-Jährige verdiente sie das erste Geld durch Artikel in Lokalblättern. Zielstrebig suchte sie die Nähe zu literarischen Kreisen, nahm an Tagungen teil, knüpfte Verbindungen, um sich als Autorin zu etablieren. Umzüge nach München, Weimar, Berlin hatten auch das Ziel, sie beruflich weiterzubringen. Immer mit dabei: ihre kränkelnde Mutter. Als aufopferungsvolle Tochter entsprach Gabriele Reuter zwar dem zeitgenössischen Anspruch an eine Frau. Die Rolle brachte ihr aber auch handfeste Vorteile. Mehrmals entzog sie sich mit dem Hinweis auf die Pflege Aufgaben, die sie am Schreiben gehindert hätten. Gabriele Reuter ließ sich nicht gern vereinnahmen. So gehörte sie auch nicht zur Frauenbewegung. Doch die Gerechtigkeit für Frauen stand im Mittelpunkt ihrer Arbeit. Vieles, was heute selbstverständlich ist, Bildung, Berufstätigkeit, Gleichbehandlung von Jungen und Mädchen und ein Recht auf Individualität, hat sie mit klaren Worten und starken Geschichten auf den Weg gebracht.

Aus dem Werk

Pastor Kandler suchte in seiner Phantasie nach einer naturwahren Beschreibung der Freuden, die das Leben einer modernen jungen Dame der feinen bürgerlichen Gesellschaft ihr zu bieten habe: in der Familie, im Verkehr mit Altersgenossinnen, durch Natur, Kunstbestrebungen und Lektüre. Er deutete auch andere Glückseligkeiten an, die ihrer warteten – denn es war nun einmal der Lauf der Welt – hold und unschuldig, wie sie da vor ihm saß, das liebe Kind, in ihrem schwarzseidenen Kleidchen, die braunen Augen aus dem weichen, hellen Gesichtchen andächtig auf ihn gerichtet – wie bald konnte sie Braut sein. Alles ist Euer!

Aber wie sollte dieses »Alles« benutzt werden? Besitzet, als besäßet ihr nicht – genießet, als genösset ihr nicht! – Auch der Tanz – auch das Theater sind erlaubt, aber der Tanz geschehe in Ehren, das Vergnügen an der Kunst beschränke sich auf die reine, gottgeweihte Kunst. Bildung ist nicht zu verachten – doch hüte Dich, mein Kind, vor der modernen Wissenschaft, die zu Zweifeln, zum Unglauben führt. Zügle Deine Phantasie, daß sie Dir nicht unzüchtige Bilder vorspiegele! Liebe – Liebe – Liebe sei Dein ganzes Leben. (...)

Hatte der Pastor dem Kinde seine Verantwortung als Himmelsbürgerin klarzumachen versucht, so begann der Vater nun dem Kinde die Pflichten der Staatsbürgerin vorzuhalten.

Denn das Weib, die Mutter künftiger Geschlechter, die Gründerin der Familie, ist ein wichtiges Glied der Gesellschaft, wenn sie sich ihrer Stellung als unscheinbarer, verborgener Wurzel recht bewußt bleibt.[2]

Weiße Brücke, Wörlitzer Park

Spuren-suche

Spurensuche in Kindheit und Jugend

In ihrer Autobiografie »Vom Kinde zum Menschen – Die Geschichte meiner Jugend« hat Gabriele Reuter anschaulich die Orte ihrer Kindheit beschrieben. Neben den ersten Jahren in Ägypten spielt vor allem Dessau eine Rolle, wo sie einige Jahre auf der Kavalierstraße wohnte. Gabriele Reuter erinnerte sich lebhaft an Spiele im Erbprinzlichen Palais, auf dessen Gelände sich heute der Stadtpark befindet, an den ersten Besuch im traditionsreichen Theater und vor allem an Fahrten in den Wörlitzer Park, die die Fantasie des Kindes anregten. Er glich, wie sie schrieb, »einer romantischen Landschaft aus der Zauberflöte voller Geheimnisse, Überraschungen und Abenteuer.« Von unterirdischen Gängen, die zum Venustempel führen, erzählt sie, von Brücken, auf denen man von einem kalten Sprühregen überrascht wurde, von Kahnfahrten auf schmalen Wasserstraßen zwischen »leuchtenden Blumenbeeten«. Der Park gehört heute zur UNESCO-Welterbestätte Dessau-Wörlitzer Gartenreich. Der Zauber, den Gabriele Reuter beschwor, lässt sich noch immer bei einem Besuch entdecken.

In Haldensleben, dem nächsten Wohnort der Familie erinnert eine Gedenktafel am Markt 21 an die Autorin. Hier hatte sich ihre Mutter nach dem plötzlichen Tod des Vaters und dem Verlust des Vermögens niedergelassen in einem niedrigen Häuschen »zwischen Rathaus und Kirche und dem alten steinernen Roland«, so Gabriele Reuter. Das Denkmal ist das einzige des reitenden Rolands in Europa. Sie kannte den Ort schon. Eine Schwester der Mutter lebte auf dem ehemaligen Klostergut, das heute als Berufsschulzentrum genutzt wird. Auch das Leben in dieser Stadt hat Gabriele Reuter in ihrer Autobiografie beschrieben: die erste Wohnung, eng und freudlos, die zweite, mitten in den Wiesen am Ufer des Flüsschens Ohre, größer, freundlicher, dazu ein Garten mit Blumen, Bäumen und Brunnen. Zwar würde man die Stelle nicht wiedererkennen, doch ein Spaziergang am Naturerlebnispfad Ohre kann einen Eindruck der damaligen Landschaft vermitteln.

Gabriele Reuter ist mehrmals umgezogen, auch andere Adressen in München, Berlin und Weimar sind erhalten. An ihrem letzten Wohnort, Weimar, erinnert eine Tafel an der Freiherr-vom-Stein-Allee 5 an sie, die dort zehn Jahre lebte. Danach wohnte sie noch zwei Jahre mit ihrer Tochter in einer Pension Am Horn 39 bis sie auf dem historischen Friedhof der Stadt begraben wurde. Doch dieser letzte Aufenthaltsort ist unbekannt. Das Grab wurde eingeebnet und ist nicht mehr zu finden.

Tipp: Eine Liste mit allen Wohnorten Gabriele Reuters findet man auf literaturland-thueringen.de, einem Projekt der Literarischen Gesellschaft Thüringen:

www.literaturland-thueringen.de/artikel/ gabriele-reuter-aus-aller-welt-nach-weimar/

Ledige Mütter

Alle wussten davon, doch gesprochen wurde darüber nur hinter vorgehaltener Hand: Das Thema »Ledige Mütter« war zur Kaiserzeit ein Tabu. Dabei kam »so etwas« nicht selten vor: Um 1900 kamen in Deutschland 9 von 100 Kindern unehelich zur Welt. Ihre Mütter wurden ausgegrenzt und geächtet, wie es bis vor wenigen Jahrzehnten der Fall war. Mit ihrem Buch »Das Tränenhaus« brach Gabriele Reuter das Schweigen. Zum ersten Mal wurde das Schicksal lediger Mutterschaft in den Mittelpunkt eines Romans gestellt. Weitere Informationen dazu bieten einige Bücher, zum Beispiel:

Wissenschaftlich: Michael Mitterauer: »Ledige Mütter: Zur Geschichte illegitimer Geburten in Europa«, Verlag C.H.Beck, München 1983.

Persönlich: Barbara Pilz (Hg.): »Ledige Mütter erzählen – Lebensgeschichten 1890–1965, Böhlau Verlag, Wien 2008.

Lesenswert

Die Romane

Im Gutenberg-Projekt sind mehrere Romane und Erzählungen Gabriele Reuters aufgenommen. Dabei sind auch ihre erfolgreichen Bücher »Aus guter Familie – Lebensgeschichte eines Mädchens« und »Das Tränenhaus« sowie eine Biografie über die Dichterin Marie von Ebner-Eschenbach.

Die Autobiografie

Gabriele Reuters Autobiografie »Vom Kinde zum Menschen. Die Geschichte meiner Jugend« ist erschienen bei S. Fischer, Berlin 1921 und im ScholarsArchive der Brighan Young University zu finden: scholarsarchive.byu.edu/sophnf_nonfict/34/.

Die Biografie

In Annette Seemanns Biografie über Gabriele Reuter wird vor allem der direkte Zusammenhang zwischen Gabriele Reuters Leben und Werk gut nachvollziehbar herausgearbeitet.

Annette Seemann: »Gabriele Reuter. Leben und Werk einer geborenen Schriftstellerin«, Weimarer Verlagsgesellschaft, Weimar 2016.

Anmerkungen

1   Gabriele Reuter: »Vom Kinde zum Menschen. Die Geschichte
    meiner Jugend«, S. Fischer, Berlin 1921, zitiert nach
    scholarsarchive.byu.edu/sophnf_nonfict/34/
    Ebenfalls enthalten in: www.literaturland-thueringen.de/
    personen/gabriele-reuter/, letzter Zugriff: 1.8.2022.
2   Gabriele Reuter: »Aus guter Familie. Leidensgeschichte
    eines Mädchens«, hg. von Michael Holzinger, Berliner Ausgabe
    2014, S. 9.

Clara Viebig

»Das war ein Gesumm, ein Lachen, ein Geschrei«

Clara Viebig,
geb. 17. Juli 1860 in Trier,
gest. 31. Juli 1952 in Berlin

Sie war die Königin des Gesellschaftsromans, die Garantin für hohe Auflagen im Verlag ihres Mannes Friedrich Cohn. Mehr als drei Jahrzehnte lang schrieb Clara Viebig immer neue Bestseller, Romane, Erzählungen und auch Bühnenstücke, akkurat und fleißig mindestens ein Buch pro Jahr. Clara Viebigs Werke waren in jedem Bücherschrank zu finden und wurden in viele Sprachen übersetzt, einige wurden sogar in Blindenschrift übertragen. Sie erzählte vom mühsamen Leben der kleinen Leute, prangerte soziale Missstände an und schilderte elende Lebensbedingungen so wie ihr großes Vorbild der naturalistische Dichter Emile Zola. Wegen der Nähe zu seinem Werk wurde sie als »die deutsche Zolaide« bezeichnet. Verglichen wurde sie auch mit dem sozialkritischen Maler Heinrich Zille. Ihre Texte entsprachen inhaltlich seinen Bildern. Dabei stammte sie selbst aus einer anderen Gesellschaftsschicht. In Trier geboren, wuchs sie in gutbürgerlicher Sicherheit auf – ihr Vater Ernst Viebig war Regierungsrat. Doch sie fühlte sich zu einfachen Menschen hingezogen und stellte sie in den Mittelpunkt ihres Schaffens. Sie hatte sie kennengelernt in den Schankstuben der Eifel etwa, wenn sie ihren Onkel, einen Untersuchungsrichter, bei seinen Dienstfahrten begleitete. Dabei war sie nicht ohne Widersprüche. In ihren Büchern stand sie mitleidig an der Seite armer Dienstmädchen und Bäuerinnen. In ihrer vornehmen Villa in Zehlendorf galten dagegen strenge Sitten. So setzte sie ein schwangeres Dienstmädchen ohne Umschweife auf die Straße.

Clara Viebig hatte als 23-Jährige angefangen zu schreiben, um ihre Familie nach dem frühen Tod des Vaters zu unterstützen. Sie veröffentlichte kleinere Arbeiten in der Presse – zum Entsetzen von Mutter und Bruder, mit denen sie inzwischen in Berlin wohnte. Der Schriftsteller Theodor Fontane förderte sie und vermittelte sie an den Verlag seines Sohnes, den dieser zusammen mit Friedrich Cohn betrieb.

Die Novellensammlung »Kinder der Eifel« und der Roman »Rheinlandstöchter« brachten ihr 1897 ihre ersten Erfolge, mit dem Skandal-Roman »Das Weiberdorf« kam der literarische Durchbruch. Clara Viebigs lebendige Sprache, ihre starken Charaktere und die dramatischen Geschichten machen ihre Bücher heute noch lesenswert. Zu Unrecht ist sie nur noch als Eifeler Heimatdichterin bekannt, obwohl ihre Werke auch an vielen anderen Orten spielen, vor allem in Berlin und in der früheren preußischen Provinz Posen. Doch unabhängig davon hat sie als eine der ersten die Eifel zur literarischen Landschaft gemacht.

Horch! Ein heller Schrei: »Jesses, die Mannsleut!«
Die Tür des ersten Hauses war aufgeflogen. Ein Weib
in Unterrock und halb geöffneter Taille stürzte heraus,
mit einem Satz stand sie mitten unter den Männern,
wild sah sie um sich – wieder ein Aufkreischen – da, sie
stürzte dem einen an den Hals. »Jesses, Hubert, da bis-
te! Komm herein, Mensch, komm herein! Ich hab auf
dich gewartet! Tag und Nacht, unser Herrgott weiß et
Gelobt sei de Jongfrau Maria!« Sie bekreuzigte sich und
ihn. »Kinder, Kinder« – schon sprang sie wieder zur Tür
– »Kinder, dä Vater is da!« Sie zog ihren Mann hinter
sich drein, kaum daß sie ihm Zeit ließ, den Kameraden
zuzunicken; sie hielt ihn so fest am Ärmel, als fürchte
sie, ihn gleich wieder zu verlieren. Die Frau mit dem
schon faltigen Gesicht, mit dem schlaffen Busen und
den Zahnlücken zeigte die Glut einer Zwanzigjährigen.

»Se sind hier, se sind hier!« Nur dieser eine Ruf,
und alle Häuser waren plötzlich belebt, alle Fenster
hell, alle Türen geöffnet. Kinder in Hemden und bar-
füßig, wie sie aus dem Bett gesprungen, standen auf
der Schwelle; Frauen und Mädchen eilten auf die Gasse. Der weiche Sommernachtwind spielte mit ihrem
halbgelösten Haar und den hastig übergeworfenen
Kleidern. Laternen tauchten auf vor den Ställen, in
den Höfen, im Wirtshaus wurden alle Lampen ange-
zündet; Peter Krumscheid stieg eilig in den Keller und
stach ein Faß an. Die Straße wimmelte von Menschen,
wie mit Zauberschlag waren sie alle erschienen, alle
umringten die Ankömmlinge. Das war ein Gesumm,
ein Lachen ein Geschrei. »Se sind hier, se sind hier!«[1]

Bad Bertrich

**Spuren-
suche**

Spurensuche in der Eifel

In Bad Bertrich werden Besucher gleich bei der Ankunft mit Clara Viebigs Worten begrüßt: »Das Höchste, das Schönste, das Größte in meinem Leben und das Beglückendste verdanke ich somit doch der Heimat – dem geliebtesten Stück der Heimat: der Eifel«, steht in großen Lettern am Eingang zum Alleengarten geschrieben. Überall im Kurort ist die Schriftstellerin präsent. Hier verbrachte sie häufig ihre Ferien und schrieb viele ihrer Erzählungen. Im Zentrum der Erinnerungen steht der Clara-Viebig-Pavillon (Kurfürstenstraße 21, 56864 Bad Bertrich) gleich gegenüber der Tourist-Information. Bücher, Bilder und Texttafeln

Clara-Viebig-Brunnen, Eisenschmitt

informieren über das Leben der Autorin. Forschenden
steht die Bibliothek mit Primär- und Sekundärliteratur
zur Verfügung. Eine Rekonstruktion ihres Arbeitszim-
mers ist ebenso zu sehen wie die Szenerie ihrer Novelle
»Die Zigarettenarbeiterin«. Einen besonderen Schatz
stellt die Sammlung von über 300 Zeitungsartikeln dar,
die 1930 zu Clara Viebigs 70. Geburtstag im In- und
Ausland erschienen sind. Hüterin der Erinnerungs-
stätte ist die »Clara Viebig Gesellschaft«. Deren Präsi-
dent Arne Houben und andere führen hier Lesungen
und Info-Abende durch. Christel Aretz, Mitgründerin
und Ehrenpräsidentin der Gesellschaft, veranstaltet
anekdotenreiche literarische Führungen durch den
Kurort zum »Hotel am Kurfürstlichen Schlösschen«,
wo die Dichterin logierte, und in den Kurgarten, wo
sie mit einer Büste geehrt wird. Clara Viebig kam nicht

nur nach Bad Bertrich, um zu schreiben und Urlaub zu machen. Sie lernte hier auch den Dialekt, der – in wörtlicher Rede verwendet – ihre Eifel-Bücher so authentisch macht.

Vierzig Kilometer entfernt, im staatlich anerkannten Erholungsort Eisenschmitt ahnt man noch die frühere Einsamkeit der Eifel. Vor hundertzwanzig Jahren stand der abgelegene Flecken im Mittelpunkt eines Literaturskandals. Auslöser war Clara Viebigs berühmtester Roman »Das Weiberdorf«, in dem sie über Last und Lust der Frauen schrieb, die in »Eifelschmitt« allein zurückblieben, während die Männer im Ruhrgebiet arbeiteten. Die Darstellung selbstständiger, schwer arbeitender Frauen mit vitaler Sexualität rief Empörung hervor. Von den Kanzeln wurde gewettert, aufgebrachte Dörflerinnen bewaffneten sich mit Mistgabeln, um der Autorin einen Denkzettel zu verpassen. Der Unmut war noch Jahrzehnte später zu spüren. Inzwischen hat man Frieden mit der Ungeliebten geschlossen und sie sogar als Touristenmagnet entdeckt. Das »Clara Viebig Zentrum« (Manderscheider Str. 2, 54533 Eisenschmitt, www.clara-viebig-zentrum. de), mit seinem Veranstaltungsprogramm kultureller Mittelpunkt des Ortes, enthält eine Sammlung mit Erinnerungsstücken. Gegenüber vor der Kirche steht ein Brunnen, auf dessen Fries ein Porträt der Autorin und Szenen aus ihrem Roman dargestellt sind. Der Künstler Johann Baptist Lenz schuf die Figuren genau so prall und plastisch, wie Clara Viebig sie beschrieben hat.

**Hinter-
grund**

Clara Viebig über sich
»Das Glück hat bei mir bei meinen Anfängen gelächelt. So unbedeutend und konventionell die auch waren, ich fand verständnisvolle Beurteiler, die doch hinter diesen Gleichgültigkeiten etwas entdeckten, was nicht alltäglich war. Sie zeigten mir die Schranken, durch die ich mich einengen ließ, und gaben mir den Mut, sie zu öffnen.«[2]

Andere über Clara Viebig
»Eine große deutsche Erzählerin, auf die das literarische Deutschland nicht verzichten darf; denn viele Autoren dieses Ranges haben wir nicht aufzuweisen«
  (Volker Neuhaus, Germanist und emeritierter Professor für Neuere Deutsche und Vergleichende Literaturwissenschaft am Institut für deutsche Sprache und Literatur der Universität zu Köln.[3]

Lesenswert

Die Romane
Der Rhein-Mosel-Verlag hat viele Titel von Clara Viebig neu aufgelegt. Auf seiner Internet-Seite sind darüber hinaus zahlreiche Informationen über die Schriftstellerin zu finden.
  Rhein-Mosel-Verlag, Brandenburg 17, 56856 Zell / Mosel, www.rhein-mosel-verlag.de

Die Dokumentation

Einen ausgezeichneten Überblick über Leben und
Werk der Autorin gibt eine Dokumentation zu ihrem
150. Geburtstag.

»Clara Viebig – Ein langes Leben für die Literatur«,
hg. von Christel Aretz und Peter Kämmerer, Rhein-
Mosel-Verlag, Zell 2010.

Die Paar-Biografie

Ein anschauliches Doppelporträt von Clara Viebig
und ihrem Ehemann Friedrich Cohn hat die Autorin
Carola Stern geschrieben. Sie erzählt die Geschichte
einer jüdisch-christlichen Familie in Berlin in den
ersten Jahrzehnten des 20. Jahrhunderts.
Carola Stern: »Kommen Sie, Cohn! Friedrich Cohn
und Clara Viebig«, Kiepenheuer & Witsch, Köln 2006.

Wanderausstellung

Im Clara Viebig Pavillon gibt es eine Wanderaus-
stellung über die Autorin, die bei der Clara-Viebig-
Gesellschaft (Kurfürstenstr. 21, 56864 Bad Bertrich),
www.clara-viebig-gesellschaft.de, ausgeliehen werden kann.

Anmerkungen

1   Clara Viebig: »Das Weiberdorf«. Erb Verlag, Düsseldorf 1982.
    Mit freundlicher Genehmigung des Rhein-Mosel-Verlags.
2   »Clara Viebig – Ein langes Leben für die Literatur«, hg. von Christel
    Aretz und Peter Kämmerer, Rhein-Mosel-Verlag, Zell 2010, S. 34.
3   a.a.O., S. 40.

Hedwig Lachmann

»Das Anstreben des Männlichen ist mir ja so verhasst«

Hedwig Lachmann,
geb. 29. August 1865 in Stolp,
gest. 21. Februar 1918 in
Krumbach

Wer Hedwig Lachmanns Gedichte gegen den Ersten Weltkrieg liest, dem stockt noch heute der Atem. So bildgewaltig und drastisch und zugleich so fließend und formschön wurde das sinnlose Gemetzel selten beschrieben: »Auf fahlen Äckern stockt in breiten Spuren / Das frisch vergossene, noch warme Blut; / Vergeudet, wie ein allzufrühes Gut / Verwest die Frucht der Mütter auf den Fluren« schrieb sie in ihrem Gedicht »Marcia Funebre«[1]. Hedwig Lachmann war eine unerschütterliche Kriegsgegnerin, eine der wenigen, die dem nationalen Taumel widerstand, selbst als sie wegen ihrer Festigkeit enge Freunde verlor.

Die zierliche, zurückhaltende Frau hatte eine stille Stärke, einen inneren Kompass, der sie durch ihr bewegtes Leben leitete. Schon mit 15 Jahren bestand sie ihr Examen als Sprachlehrerin. Bald darauf arbeitete sie in England und Ungarn als Erzieherin und begeisterte sich für die Literatur der Gastländer. Ihre feinfühligen Nachdichtungen begründeten früh ihren Ruf als Übersetzerin. Unter anderem übertrug sie Oscar Wildes Roman »Salomé«, regte damit den Komponisten Richard Strauss zu seiner gleichnamigen Oper an und verfasste selbst das Libretto dazu.

Da lebte sie schon seit einiger Zeit in Berlin, schrieb Gedichte und Essays und hatte engen Kontakt zum Kreis Richard Dehmels. Sie drängte sich nicht nach vorn, doch war sie sich ihres eigenen Werts bewusst. So antwortete sie dem damaligen Dichterfürsten, als er Frauen die eigenständige Gestaltung absprach: »Das Anstreben des Männlichen ist mir ja so verhasst, ich möchte nur das ausgestalten können, was in mir lebt, dazu werde ich doch vielleicht auch die nötigen Gehirnganglien mit bekommen haben.«[2]

Die Grundlagen für Hedwig Lachmanns Haltung waren in ihrem Elternhaus gelegt worden. Für die Tochter des Kantors und Musikgelehrten Isaak Lachmann waren selbständiges Denken, innere Unabhängigkeit und soziale Verantwortung zeitlebens wegweisend. Mit dieser Ausstattung widerstand sie auch dem

Heilbad Krumbad

Werben Dehmels, der ihre enge freundschaftliche Beziehung gern in eine Ehe zu Dritt umgewandelt hätte.
Mit Prüderie hatte ihr Widerstreben nichts zu tun. Als
sie den Schriftsteller Gustav Landauer kennen lernte,
willigte sie in eine Beziehung ein, obwohl er noch verheiratet war. Siebzehn Jahre dauerte ihre harmonische
Gemeinschaft, bis Hedwig Lachmann an einer Lun-
genentzündung starb. In dieser Zeit entstanden ihre
tiefsten Gedichte, die Liebesgedichte ebenso wie die,
in denen sie ihre lyrische Stimme für alle Unterdrück-
ten und Unglücklichen erhob. Ihr Werk wurde in den
Wirren der folgenden Jahrzehnte vergessen. Doch ihre
Anklage gegen die Unmenschlichkeit ist so zeitlos wie
ihr berührendes Mitgefühl. Es ist an der Zeit, Hedwig
Lachmann wiederzuentdecken.

Auswanderer
Sie nehmen ihre Kinder an der Hand
Und ziehen fort; es duldet sie kein Land.

Grenzwächter sind auf ihren Weg gestellt.
Wie wenn ein Hund am Tor die Wache hält.

Sind über Meer noch ein paar Ackerbreit,
Worauf nicht Gras noch Futterkorn gedeiht?

Sanddünen, die kein Sämann noch bewarf,
Dass dort ein Bettelvolk verhungern darf?

Der Bauch der Schiffe nimmt sie endlich auf,
Zum Ballast hingeworfen, Hauf um Hauf.

Und setzt sie an den fernen Küsten aus
Wie Findlingskinder vor ein fremdes Haus.[3]

Spurensuche in Krumbach

»Liebste! Ich bitte Dich, mir zu Folgendem Deine
Meinung zu sagen: Ich will Mittwoch, 12 Uhr 14 in
Hürben ankommen, ganz gemächlich auf Umwegen
nach Krumbad gehen und mich dort in den Garten
setzen; vielleicht an die Wasserquelle oder eine andere Quelle, die Du mir bezeichnest. Du kommst dann
– vielleicht gegen ½ 3 Uhr – dort vorbei, ohne mich zu
beachten: eine Weile nachher stehe ich auf, folge Dir
unauffällig und Du führst mich so dahin, wo wir uns
ungestört sprechen können.«[4] Am 4. Mai 1901 schrieb
Gustav Landauer dies in einem Brief an Hedwig Lachmann. Ihre Liebe war noch geheim. Landauer war verheiratet und beide wollten einen Skandal vermeiden.
In den dichten Wäldern rund um Krumbach fühlten
sie sich jedoch sicher. Das Heilbad Krumbad (Bischof-
Sproll-Straße 1, 86381 Krumbach, www.krumbad.de)
hat eine 600-jährige Tradition und wird bis heute für
Kurgäste und Touristen betrieben. Es war ein idealer
Treffpunkt – einsam und idyllisch gelegen, dabei nicht
weit entfernt von Hürben, wo Hedwig Lachmann die
Ferien im Elternhaus verbrachte. Zu diesem Ort, der
heute Teil der Stadt Krumbach ist, hatte Hedwig Lachmann eine enge Beziehung. Hier verbrachte sie vom
siebten Lebensjahr an ihre Kindheit, nachdem ihr
Vater die Stelle als Kantor der jüdischen Gemeinde
übernommen hatte. Später kehrte häufig zurück und
schwärmte in Briefen von der Schönheit der Landschaft, »die liebste, die ich kenne«. Schließlich bot

ihr der Ort in ihren letzten beiden Lebensjahren eine Zuflucht vor Krieg und Hunger. Heute sind dort nicht mehr viele Spuren Hedwig Lachmanns zu finden. Das Gebäude des ehemaligen Fernsemer'schen Höheren Töchterinstituts, in dem sie ihre ausgezeichneten Sprachkenntnisse erwarb, steht noch und wird heute als Berufsfachschule für Musik genutzt (Mindelheimer Straße 47). Ihr Grab ist auf dem ehemaligen jüdischen Friedhof erhalten. Eine Besichtigung ist im Rahmen einer Führung möglich. (Auskunft und Anmeldung über den Heimatverein Krumbach: Nelkenweg 2, info@heimatverein-krumbach.de). Die Dichterin ist in ihrer Wahlheimat nicht vergessen. Eine Straße, der Hedwig-Lachmann-Weg, trägt ihren Namen; im Rahmen eines preisgekrönten Geschichtprojekts wurden Beiträge bzw. Infotafeln zu ihr und Gustav Landauer erarbeitet, im Mittelschwäbischen Heimatmuseum und im Rahmen des Krumbacher Literaturherbstes erinnert man sich ihrer mit unterschiedlichen Veranstaltungen.

Unabhängig davon spaziert man in den Dörfern und Wäldern um Krumbach herum auf den Spuren Hedwig Lachmanns, dort, wo sie sich in der ersten Zeit ihrer Liebe jede Woche mit Gustav Landauer traf. In einem Brief an ihre Freundin Anna Croissant-Rust berichtet sie, dass das nicht immer einfach war: »Es ist wirklich kein Leichtes, die heimlichen Zusammenkünfte und alle die damit verbundenen Aufregungen ... Ich weiß schon immer nicht, wie ich meiner Mutter mein langes Fernbleiben von zu Hause motivieren soll.«[5]

Kreative Familie

Nicht nur Hedwig Lachmann war ein schöpferischer
Mensch. In ihrer Familie zeigt sich künstlerische Kreativität in immer anderer Form. Ihr Vater, Isaak Lachmann, war als Kantor der jüdischen Gemeinde in Hürben unter anderem für die musikalischen Rituale der
Gottesdienste zuständig. Darüber hinaus sammelte
und bearbeitete er alte Synagogengesänge aus dem
süddeutschen Raum. Das umfangreiche Werk wurde
erst 1990 – neunzig Jahre nach seinem Tod – entdeckt
und gilt heute als ein Meilenstein bei der Erforschung
der deutsch-jüdischen Kultur. Auch einige der fünf
Geschwister Hedwig Lachmanns waren künstlerisch
aktiv, ihr Bruder Julius studierte Musik, ihre Schwester
Franziska schrieb Gedichte. Gudula, die ältere ihrer
beiden Töchter, war Cembalistin. Eine große Karriere
als Regisseur machte einer von Hedwig Lachmanns
Enkeln, Mike Nichols. Filme wie »Wer hat Angst vor
Virginia Woolf?« oder »Die Reifeprüfung« waren internationale Erfolge. Nichols erhielt alle vier bedeutenden Preise in der US-amerikanischen Unterhaltungs-
industrie – Oscar, Emmy, Tony und Grammy Award.
In einem Interview wies er auf seine Wurzeln hin: »Ich
bin vorbelastet«, sagte er. »Meine Großmutter Hedwig
Lachmann schrieb das Libretto zu ›Salomé‹«.

Verschiedene Texte
Hedwig Lachmann: »Vertraut und fremd und immer
doch noch ich«, Gedichte, Nachdichtungen und
Essays, hg. von Armin Strohmayr, Wißner Verlag,
Augsburg 2003.

Gedichte und Bilder
Ein wunderschöner Band mit Gedichten von Hedwig Lachmann und dazu gehörenden Illustrationen
schwäbischer Künstler ist in der Schriftenreihe des
Mittelschwäbischen Heimatmuseums Krumbach er-
schienen. Die Bilder und Skulpturen waren für eine
Ausstellung über die Dichterin angefertigt worden.
Ergänzend enthält der Band einige Texte zu Leben
und Werk Hedwig Lachmanns.
    Thomas Heitele, Heinrich Lindenmayr »… auf
Erden schon enthoben …« Hedwig Lachmann.
    Schriftenreihe des Mittelschwäbischen Heimat-
museums, Band 1, Zweckverband Mittelschwäbisches
Heimatmuseum Krumbach, Heinrich-Sinz-Str. 3 – 5,
86381 Krumbach, Druckerei und Verlag Karl Ziegler,
Krumbach 2006.

Die Übersetzungen
Im Gutenberg-Projekt sind Hedwig Lachmanns
Übersetzungen einiger Werke von Honoré de Balzac,
Joseph Conrad, Edgar Allan Poe und Oscar Wilde
aufgenommen.

Die Biografie

Birgit Seemanns Biografie bettet Hedwig Lachmanns Lebensgeschichte in das gesellschaftliche und politische Zeitgeschehen ein. Außerdem rundet sie ihre Biografie durch die Darstellung der Menschen ab, die für das Leben der Dichterin bedeutsam waren.

Birgit Seemann: »Mit den Besiegten. Hedwig Lachmann (1865–1918) – deutsch-jüdische Schriftstellerin und Antimilitaristin«, Verlag Edition AV, Lich 2012.

Anmerkungen

1   Hedwig Lachmann: »Gesammelte Gedichte«, Gustav Kiepenheuer, Potsdam 1919, S. 93 f.

2   Birgit Seemann: »Mit den Besiegten«, Verlag Edition AV, Lich 2012, S. 31.

3   Hedwig Lachmann, a.a.O., S. 56 f.

4   Thomas Heitele, Heinrich Lindenmayr: »›... auf Erden schon enthoben ...‹ Hedwig Lachmann«, Schriftenreihe des Mittelschwäbischen Heimatmuseums, Band 1, S. 10 f.

5   Zitiert nach Heitele, Lindenmayr, a.a.O., S. 11.

Harriet Straub

»Das ist die Stille, die Kraft sammelt«

Harriet Straub,
geb. 20. Januar 1872
in Emmendingen,
gest. 20. Juni 1945
in Meersburg

Wie wird aus einer katholischen Bürgerstochter des 19. Jahrhunderts eine Frau, die sich selbstbewusst für die weibliche Emanzipation und gegen religiöse und gesellschaftliche Zwänge einsetzt? Fünf Jahre in der Sahara haben Harriet Straub für immer verändert. Zwischen Timbuktu und Tunis, in Beduinenzelten und hinter Haremsgittern schaute sie in andere Welten, und dieser Einblick erschütterte alles, was sie vorher für selbstverständlich gehalten hatte. In ihrem wichtigsten Buch »Zerrissene Briefe« beschrieb sie als eine der ersten Frauen die Wüste, sinnlich, archaisch, lebendig. Sie kleidete ihre Geschichten in Briefform und prangerte darin Missstände an, die noch immer existieren: die Ausbeutung der Natur, die Misshandlung von Tieren und vor allem die Arroganz vieler Europäer, die allein ihre Kultur für maßgeblich halten.

Nach ihrem Studium in Zürich und Paris war Harriet Straub von der französischen Regierung angestellt und 1898 in die algerische Wüste geschickt worden. Dort sollte sie ein Gesundheitsprogramm für Beduininnen durchführen. Ob sie tatsächlich promovierte Ärztin war oder eine kürzere medizinische Ausbildung hatte, ist nicht genau bekannt. Viele Details vor allem aus ihrer Jugend sind unzureichend erforscht. Doch ihre »Zerrissenen Briefe« geben Auskunft nicht nur über die Wüstenjahre, sondern auch über andere wichtige Ereignisse in ihrem Leben. Man ahnt den Schock, den sie als Elfjährige erlitt, als ihre Mutter sich auf dem Totenbett weigerte, sich von ihr zu verabschieden. Nur ihre legitimen Kinder ließ die Frau eines badischen Notars zu sich kommen. Harriet, Frucht einer außerehelichen Liebesbeziehung, blieb verzweifelt zurück, ohne zu wissen, warum sie verstoßen wurde. Nur vorübergehend fand sie Halt in der Religion. Später schrieb sie »dass das Christentum ein gar tief sitzender Feind unseres Menschentums ist«.[1] Da war sie längst auch zu einer Kämpferin für die Gleichberechtigung geworden. Allerdings ließ sie ihre Geschlechtsgenossinnen nicht aus der Verantwortung. Wie solle sie etwas än-

dern, meinte sie, »wenn Frauen immer wieder stumpf-
sinnig nachleiern, was Männer ihnen vorsingen?«[2]

Sie selbst suchte lange nach einer Beziehung, die
ihr entsprach. Nach zwei gescheiterten Ehen fand sie
ihren Lebenspartner, den 22 Jahre älteren Sprachphi-
losophen Fritz Mauthner. Die gemeinsamen Jahre waren der Höhepunkt von Harriet Straubs literarischem
Schaffen. Nach seinem Tod im Jahr 1923 arbeitete sie
journalistisch, bis die Nazis der »Judenwitwe« verboten zu veröffentlichen. Auch die Rente wurde ihr ge-
strichen. Unterstützung erhielt sie von guten Freun-
den, die ihr ermöglichten, in ihrem »Glaserhäusle«
in Meersburg wohnen zu bleiben. Dort verbrachte sie
ihre letzten Jahre verarmt und vereinsamt. Ihre letzte
Verfügung ist unsentimental: »Bitte mich so in den
Sarg zu legen, wie ich grade bin. Nicht an mir herum-
wursteln, anziehen, waschen etc. Für die Würmchen
ist das alles Nebensache«.[3]

In der Wüste

»Fünf Jahre bin ich jetzt hier und ich habe noch keinen Tag ohne immer neues Entzücken gehabt. Ich möchte den Menschen mal hier haben, der von der ›toten Wüste‹ spricht. Das ist das lebendigste, grausamste, schmeichlerischste, tobendste, bezauberndste Ungeheuer, dass übermenschliche Phantasie sich vorstellen kann. Da ist wohl große atembeklemmende Stille manchmal, aber das ist die Stille, die Kraft sammelt zu vernichtendem Anprall, kein Tod. Oft, wenn der Himmel wie eine stählerne Halbkugel aufliegt, wenn keine Wolke zu sehen ist, kein Windhauch zu spüren, wenn kein Sandkorn sich bewegt, rollt über die unbewegte Fläche ein knatternder Ton, ein starker dumpfer Trommelwirbel. Stille. Dann wieder anschwellend und langsam verhallend der drohende Wirbel. Alles hält den Atem an, dann wiehern die Pferde und werfen unruhig die Ohren, die Kamele schreien auf, ferner bellen die Schakale und noch einmal, noch einmal das dumpfe Wirbeln wie von Trommeln. Das Ungeheuer ist nicht tot, unheimlich schickt's uns die Mahnung, wir spüren erschauernd seine Stärke. Und dass unsere tastende Wissenschaft uns lehren möchte, dass der dumpfe Wirbel nichts sei, als der verstärkte Schall von Sandkörnern, die irgendwo vom Windhauch bewegt sich reibend rieseln, das verstärkt nur die schreckende Wirkung der Größe, in der verloren wir uns suchen festzuklammern.

Selbst wenn die Wüste scheinbar farblos liegt, spürt
man doch, dass sie alle Farben in sich hineingeschlun-
gen hat. Ein leiser Windstoß und der rieselnde Sand
flimmert, durchleuchtet vom aufgesogenen Licht.«[4]

Spurensuche in Meersburg

Das stille graue Haus etwas außerhalb der Stadt Meersburg wirkt auf den ersten Blick fast unscheinbar. Glaserhäusle heißt es, benannt nach einem Glaser, der dort Ende des 18. Jahrhunderts einen Weinausschank betrieb. Doch durch seine Lage wurde es berühmt: Es ist so in den Hang gebaut, dass die Terrasse zwischen Himmel und Wasser zu schweben scheint. Den atemberaubenden Blick auf den Bodensee hat schon Annette von Droste-Hülshoff in ihrem Gedicht »Die Schenke am See« gepriesen: »Ist's nicht ein heit'rer Ort, mein junger Freund, / Das kleine Haus, das schier vom Hange gleitet, / Wo so possierlich uns der Wirth erscheint, / So übermächtig sich die Landschaft breitet.« Wie andere Künstlerinnen und Künstler vor und nach ihnen fühlten sich auch Harriet Straub und ihr Ehemann Fritz Mauthner von dieser Idylle angezogen. Sie kauften das Haus und zogen 1909 ein, im darauffolgenden Jahr heirateten sie dort. Trotz vieler Schwierigkeiten lebte Harriet Straub bis zu ihrem Tod im Glaserhäusle. Als sie es aus finanzieller Not verkaufen musste, erwarb es ein Freund, der Meersburger Stadtpfarrer Wilhelm Restle, und sicherte ihr ein lebenslanges Wohnrecht zu. Dank seiner Hilfe gelang es ihr sogar, während des Krieges eine jüdische Freundin im Haus zu verstecken.

Wer in Meersburg nach Spuren von Harriet Straub sucht, wird nicht nur im Glaserhäusle auf Parallelen zu Annette von Droste-Hülshoff stoßen. Harriet Straub

Burg Meersburg

beschäftigte sich mehrmals in Essays mit der großen Dichterin. 1914 gelang es ihr, einige ihrer Schriften zu retten, bevor ein literarisch unbeleckter Erbe damit seinen Ofen heizte. Wie Droste-Hülshoff liebte Straub Spaziergänge am See. Ihr bevorzugter Badeplatz lag auf dem Weg nach Hagnau, dort wo Annette Droste-Hülshoff mit ihrem Herzensfreund Levin Schücking Muscheln und Steine sammelte. Auch ihr letzter Weg führte die beiden zusammen. Ihre Ruhestätten auf dem Meersburger Friedhof sind nicht weit voneinander entfernt. Doch während Annette von Droste-Hülshoffs Grabstein schlicht über ihre wichtigsten Lebensdaten – den Anfang und das Ende – Auskunft gibt, ist in Harriet Straubs Stein die Quintessenz ihres Lebens eingemeißelt: »Vom Menschsein erlöst«.

Glaserhäusle, Glaserhäusleweg 7, 88709 Meersburg, nur von außen zu betrachten.

Als Band 33 der Reihe »Spuren« ist bei der Deutschen Schillergesellschaft in Marbach 1996 das Bändchen »Harriet Straub/Hedwig Mauther und das ›Glaserhäusle‹ in Meersburg« von Manfred Bosch erschienen.

Vertane Chance

Nach Jahrzehnten der Vergessenheit wurde Harriet Straub in den 1980er Jahren gleich zweifach wiederentdeckt. Kurioserweise war grade dies die Ursache dafür, dass sie erneut vergessen wurde. Der Freiburger Kore-Verlag plante, mehrere Bücher von ihr zu veröffentlichen. Doch hatten Verlegerin Traute Hensch und Herausgeber Ludger Lütkehaus die Rechnung ohne den Emmendinger Kaufmann Herbert Burkhardt gemacht. Der hatte durch geschicktes Verhandeln und die Ankündigung einer großen Gesamtausgabe die Rechte von der bisherigen Inhaberin geschenkt bekommen. Die Veröffentlichung der »Zerrissenen Briefe« hatte er noch akzeptiert. Dann jedoch gefiel ihm die ganze Richtung nicht mehr. Während der Kore Verlag Harriet Straub als die unkonventionelle, unbequeme Frau darstellte, die sie wirklich war, wollte Burkhardt sie in sein Weltbild einfügen und aus ihr eine fromme Christin auf der Suche nach Erfüllung im Glauben machen. Um das durchzusetzen, klagte er gegen den Kore Verlag und bekam recht: Das bereits erschienene zweite Buch »«Wüstenabenteuer, Frauenleben« musste eingestampft werden, nur wenige Exemplare blieben auf dem Markt.[5] Auf die große Gesamtausgabe wartet man bis heute vergeblich.

Die Bücher
Viele Texte von Harriet Straub, die ursprünglich in
Zeitungen und Zeitschriften veröffentlicht waren,
sind noch nie in Buchform erschienen. Auch ihre
Bücher sind nur noch antiquarisch erhältlich.
Harriet Straub:»Zerrissene Briefe«, hg. von Ludger
Lütkehaus, Kore Verlag, Freiburg 1990.
Harriet Straub:»Wüstenabenteuer, Frauenleben«, hg.
von Ludger Lütkehaus, Kore Verlag, Freiburg 1991.

Der Tagungsbericht
Anlässlich ihres 100. Hochzeitstags fand in Meersburg
2010 eine Tagung mit dem Titel»Fritz Mauthner &
Harriet Straub in Meersburg« statt. Der gleichnamige
Tagungsband ist erhältlich beim Kulturamt der Stadt,
Marktplatz 1, 88709 Meersburg.

1   Harriet Straub:»Zerrissene Briefe«, hg. von Ludger Lütkehaus,
    Kore Verlag, Freiburg 1990, S. 98.
2   a.a.O., S. 67.
3   Harriet Straub:»Das Mädchen und der Tod«, hg. von Ludger
    Lütkehaus, Kore Verlag, Freiburg 1998.
4   Harriet Straub:»Zerrissene Briefe«, a.a.O., S. 27 ff.
5   Vgl. Hanno Kühnert:»In den Fängen ihres ›Liebhabers‹.
    Warum das faszinierende kleine Werk der Harriet Straub
    eingestampft werden soll«, DIE ZEIT Nr. 39, 19.9.1991.

Margarete Beutler

»Mit einer riesengroßen Sehnsucht und einem unerhörten Mute«

Margarete Beutler,
geb. 13. Januar 1876 in Gollnow
(heute Goleniów/Polen),
gest. 3. Juni 1949
in Gammertingen

40 Jahre nach ihrem Tod sorgte Margarete Beutler für eine Überraschung: Ihr Enkel entdeckte auf dem Speicher seines Elternhauses in einer Ecke zwei große Kartons mit Briefen, Fotos und zahlreichen unbekannten Manuskripten, mehr als von ihr zu Lebzeiten erschienen war.

1933 bei der Machtergreifung der Nazis hatte sich die Autorin und Journalistin vollständig aus dem Literaturbetrieb zurückgezogen. Weil sie nicht in die Reichsschrifttumskammer eintreten wollte, hörte sie auf zu veröffentlichen. Keine heiteren oder sozialkritischen Gedichte und Kurzgeschichten mehr, keine Zeitungsartikel und erst recht keine Lesungen in Kabaretts und Cafés, mit denen sie in ihrer Berliner und Münchener Zeit geglänzt hatte.

Dass sie nicht aufhörte zu schreiben, belegte erst der Dachbodenfund. Unter den vielen Texten fand sich auch eine kleine Kostbarkeit: dreizehn autobiografische Geschichten, in denen sie ihre Kindheit lebendig werden ließ.

Margarete Beutler war die zweite Tochter des Gollnower Bürgermeisters Karl Beutler und seiner Frau Marie. Eine Enttäuschung: Die Eltern hatten sich einen Sohn gewünscht. Deshalb gaben sie das einjährige Kind zu den Großeltern, es lernte die Eltern erst mit 14 Jahren kennen. Trotz dieser Grausamkeit und einer strengen Erziehung hatte Margarete Beutler keine unglückliche Kindheit. Sie wurde gut versorgt, auch geliebt und brachte ihre Großmutter und ihre Tante Helene zur Verzweiflung, weil sie sich nicht in die traditionelle Rolle zwängen ließ. Sie war ein pfiffiges, neugieriges Mädchen, das mit den Jungen um die Wette pinkelte und den Schornsteinfeger, mit dem man ihr drohte, – »dann holt dich der schwarze Mann« – zu einem besonderen Freund machte.

Die Erinnerungen sind aus der kindlichen Perspektive geschrieben, aber mit so viel Witz und Charme und immer wieder auch kluger Reflexion, dass sie

von der Anekdote zur Literatur werden. Was sich darin zeigt, wurde später durch Margarete Beutlers Lebenslauf bestätigt: Sie war eine unkonventionelle,
vielseitig begabte Frau. Eine, die als 20-Jährige »mit
einer riesengroßen Sehnsucht und einem ungeheuren Mute« in die Welt zog[1]. Die selbstbewusst einen
unehelichen Sohn bekam und den Namen des Vaters
bis an ihr Lebensende nicht preisgab. Die sich einen
Namen machte im Literaturbetrieb. Und die sich von
den braunen Machthabern nicht unterkriegen ließ.
In ihrem Blockhaus am Starnberger See lebte sie zurückgezogen und sehr bescheiden von gelegentlichen
Übersetzungen. Ihre Söhne – ein zweiter aus einer gescheiterten Ehe – unterstützten sie. Ihre Lebenslust hat
sie nicht verloren. Dem Enkel, der später ihren Nachlass fand, brachte sie noch kurz vor ihrem Tod bei, wie
man Seifenblasen pustet.

Am Wege

Ein Dampferpfiff und ein Entenschrei
Und ein Hornstoß aus naher Kaserne. –
Im Nebel wuchtet das Leben vorbei,
Laternen flimmern wie Sterne.

Im Dunkel haben sich zweie lieb,
die ohne Heimatstätte. –
Er ist der pfiffigste Taschendieb,
Sie wird eine freche Grisette.

Das ist das alte Babellied
Von den vom Lichte Verschmähten:
Zu wenig geküsst und zu viel geglüht,
Und am Wege verdorben, zertreten.[2]

**Spuren-
suche**

Spurensuche auf der Schwäbischen Alb

Die Schwaben sind sehr stolz auf ihre Dichter: »Der Schelling und der Hegel, / der Schiller und der Hauff, / das ist bei uns die Regel, / das fällt hier gar nicht auf.«, heißt es bei ihnen. Von ihren Dichterinnen ist in diesen Versen nicht die Rede. Und doch gibt es nicht wenige und einige von ihnen waren zu ihrer Zeit hochberühmt. Hier ein paar Anregungen zur Spurensuche: Margarete Beutler wohnte an ihrem Lebensende auf der Schwäbischen Alb. Das Haus in Gammertingen, in dem sie ihre letzten Monate verbrachte, bietet noch immer alten Menschen Unterkunft und Pflege. 1949 war es bekannt als Kurhaus Zollernalb, heute trägt es den Namen »Städtisches Altenpflegeheim St. Elisabeth«. Trotz vieler Modernisierungen blieb das Aussehen der mehr als 90 Jahre alten Gebäude weitgehend erhalten. (Eichertstraße 9, 72501 Gammertingen).

Einer der zentralen Orte der deutschen Literatur ist Marbach. Hier befindet sich das Deutsche Literaturarchiv Marbach, eine Fundgrube für alle, die Informationen über Dichterinnen suchen. Es beherbergt unter anderem die Nachlässe von Ilse Aichinger, Hilde Domin, Ricarda Huch und Mascha Kaléko. (Schillerhöhe 8–10, 71672 Marbach am Neckar, www.dla-marbach.de).

Wer an Marbach denkt, dem fällt sofort der große Sohn der Stadt ein: Friedrich Schiller, dessen Spuren überall zu finden sind. Wenig bekannt ist dagegen, dass hier auch Ottilie Wildermuth (1817–1877) aufwuchs, die bekannteste Schriftstellerin ihrer Zeit. Sie

Literaturarchiv Marbach

schrieb Erzählungen, Novellen und Märchen und gab ein Jahrbuch für Kinder- und Jugendliche heraus. Ihre umfangreiche Bildung, darunter zwei Sprachen, hatte sie in eigener Initiative erworben. Wie so viele Frauen ihrer Zeit war sie lediglich hauswirtschaftlich geschult worden. An ihrem ehemaligen Wohnhaus in der Wildermuthstraße 5 ist eine Gedenktafel angebracht. Nach ihrer Heirat zog Ottilie Wildermuth nach Tübingen. Ihr Grab ist auf dem Stadtfriedhof zu finden. Auf der Neckarhalbinsel in der Nähe der Alleenbrücke erinnert ein Denkmal an sie. (Nähere Infos auch über Wohnorte in Tübingen auf der Website des Schwäbische Alb Tourismusverbands e.V.: www.schwaebischealb.de/alb-geschichten/ottilie-wildermuth).

Einer ungewöhnlichen Frau ist in Bönnigheim ein ungewöhnliches Museum gewidmet. Im früheren königlich-württembergischen Forstgefängnis befindet sich eine Gedenkstätte für Sophie La Roche (1730–1807). Ihr Buch »Die Geschichte des Fräuleins von Sternheim«, das sie in Bönnigheim vollendete, gilt als erster deutschsprachiger Roman, der von einer Frau geschrieben wurde. Bei seinem Erscheinen machte er Furore. Schon im ersten Jahr wurden drei Auflagen gedruckt. Sophie La Roche wurde so berühmt, dass sie von ihrer Arbeit als Schriftstellerin leben konnte. Als eine der ersten gab sie auch eine Frauenzeitschrift – »Pomona« – heraus. Das Museum ist als begehbares Buch gestaltet. Es liegt im ersten Stock über einer Vinothek, durch deren Räume führt der Zugang. (Schlossstraße 35, 74357 Bönnigheim, www. boennigheim.de.)

Simplicissimus

Am 4. Dezember 1897 trat Margarete Beutler zum ersten Mal mit einer literarischen Arbeit an die Öffentlichkeit. Einer ihrer Texte wurde im »Simplicissimus« veröffentlicht. Erst eineinhalb Jahre zuvor war die später sehr beliebte satirische Zeitschrift gegründet worden. Zielscheibe des redaktionellen Spotts waren Politik und Moral der Zeit. Viele Prominente arbeiteten zeichnend oder schreibend mit, unter ihnen zum Beispiel Käthe Kollwitz und Erich Kästner. Auch der Redakteur, der Margarete Beutler um weitere Arbeiten bat, machte später von sich reden. Es war der damals noch unbekannte Thomas Mann.

Lesenswert

Dachbodenfunde

30 Erzählungen aus dem überraschend entdeckten Dachbodenfund hat der AvivA Verlag erstmals veröffentlicht. Darunter befinden sich auch die Geschichten aus der Kindheit Margarete Beutlers. Das Buch wird eingeleitet durch eine Liebeserklärung in Form einer Kurzgeschichte, die der Schriftsteller Erich Mühsam seiner »Grete« gewidmet hat. Eine umfangreiche Lebensbeschreibung der Schriftstellerin ergänzt den literarischen Teil.

Margarete Beutler: »Ich träumte, ich hätte einen Wetterhahn geheiratet«, hg. von Winfried Siebert und Martin Freksa, AvivA Verlag, Berlin 2021.

Kabarett

Margarete Beutler hat zahlreiche kabarettistische Texte geschrieben, die zum großen Teil vertont worden sind. Eine Würdigung dieser Arbeiten verbunden mit Hintergrundinformationen und einem umfangreichen Werkverzeichnis, in dem auch die Fundorte der Arbeiten genannt werden, hat Evelin Förster veröffentlicht.

Evelin Förster: »Die Frau im Dunkeln. Autorinnen und Komponistinnen des Kabaretts und der Unterhaltung von 1901 bis 1935«, Edition Braus, Berlin 2013.

Die Gedichte

Gedichte von Margarete Beutler sind in zahlreichen Anthologien enthalten. Im Projekt Gutenberg sind Margarete Beutlers Gedichte aus ihrem Buch »Leb' wohl, Bohème« von 1911 aufgenommen, viele weitere Gedichte sind auch auf der Website von Irene Stasch über die Liebeslyrik deutscher Dichterinnen vom 13. – 20. Jahrhundert versammelt: www.deutsche-liebeslyrik.de.

Anmerkungen

1   Margarete Beutler: »Ich träumte, ich hätte einen Wetterhahn geheiratet«, hg. von Winfried Siebert und Martin Freksa, AvivA Verlag, Berlin 2021, S. 16.
2   Margarete Beutler: »Am Wege«, in: »Lieder aus dem Rinnstein«, gesammelt von Hans Ostwald, Karl Henckell & Co, Leipzig und Berlin 1903.

Lena Christ

»Geliebt hat mich meine Mutter nie«

Lena Christ,
geb. 30. Oktober 1881
als Magdalena Pichler
in Glonn,
gest. 30. Juni 1920 in München

Ihr Leben war eine Tragödie. Mehr als einmal musste Lena Christ ein Martyrium ertragen. Doch sie schaffte es, ihr Elend mit Worten zu bezwingen. In nur acht Jahren schuf sie ein erzählerisches Werk, das bis heute bestehen kann.

Vielleicht schöpfte sie die Kraft dazu aus ihrer frühen Kindheit, die glücklichste Zeit ihres Lebens, die sie bei den Großeltern auf dem Land verbrachte. Das wache, wilde Kind fing Fische mit der Hand aus dem Bach, rannte über die Wiesen und versuchte, das Tosen des Sturms zu überschreien.

Lena Christ war noch nicht lange in der Schule, als sie aus dieser Idylle herausgerissen wurde. Die Mutter, die inzwischen ein gut gehendes Münchner Wirtshaus betrieb, besann sich zum ersten Mal auf ihr uneheliches Kind und holte die Siebenjährige als billige Arbeitskraft zu sich. Ausgebeutet, gedemütigt und bis aufs Blut geprügelt durchlitt das Mädchen die nächsten Jahre. Sie versuchte vergeblich zu fliehen – zurück zu den Großeltern, in ein Kloster und schließlich in eine zerstörerische Ehe mit einem brutalen Säufer, der sie prügelte und vergewaltigte.

Nach der Trennung von ihm und nach einer Zeit in bitterer Armut schien sich ihr Leben zum Besseren zu wenden. Sie lernte den Schriftsteller Peter Jerusalem kennen, der ihr zweiter Ehemann wurde. Er erkannte ihr erzählerisches Talent und ermunterte sie, ihre Erlebnisse aufzuschreiben. Mit den »Erinnerungen einer Überflüssigen« begann für Lena Christ eine kurze glanzvolle Etappe. Ihr Ruhm wuchs mit jedem Buch. Ihr Ehemann sonnte sich in ihrem Glanz: Wohnen in der Villenkolonie Gern, Freundschaft mit angesehen Künstlern wie Ludwig Thoma, Audienz bei König Ludwig III. Dabei stellte er sie als ein von ihm abhängiges, naives Mädchen vom Land dar, ein Urteil, das bis heute häufig die kluge, kultivierte Frau in einem falschen Licht erscheinen lässt.

Besonders dubios ist die Rolle, die Peter Jerusalem bei ihrem Tod spielte. Da war ihre Ehe längst gescheitert. Lena Christ hatte sich in einen jüngeren Mann verliebt und war von ihm verlassen worden. In den Wirren nach dem Ersten Weltkrieg waren auch ihre Bücher nicht mehr gefragt. Wieder einmal mittellos, versuchte sie, gefälschte Bilder zu verkaufen. Der Betrug flog auf.

Aus Angst vor einer Gefängnisstrafe und zermürbt von zu vielen Schicksalsschlägen beschloss sie, ihrem Leben ein Ende zu setzen. Auf ihren Wunsch hin beschaffte Jerusalem ihr Zyankali und übergab es ihr auf dem Münchner Waldfriedhof, wo sie es sofort schluckte.

Lena Christ ist nicht vergessen, wird aber weithin als Heimatdichterin auf eine nur regionale Bedeutung verkleinert. Sie hat ihre Geschichten voll praller Dialoge und witziger Einfälle in der vertrauten Umgebung angesiedelt und die wörtliche Rede im bayerischen Dialekt wiedergegeben. Doch ihre genaue Beobachtung, ihre präzise Beschreibung und kraftvolle Darstellung des Lebens der einfachen Menschen ihrer Zeit hat nach wie vor und weit über Bayern hinaus Gültigkeit.

Das ungeliebte Kind

In aller Frühe mußte ich zuerst das Fleisch austragen, dann Feuer machen, Stiefel putzen, Stiegen wischen und der Mutter die Sachen einholen, die sie zum Kochen brauchte. Sie blieb jetzt immer am Morgen liegen, und so ging ich gewöhnlich nüchtern in die Schule.

In einer Februarnacht aber kam das Kind, und damit begann für mich eine harte Zeit. Nun hieß es um fünf Uhr aufstehen und zu den übrigen Arbeiten noch das Bad, Wäsche und Windeln für den kleinen Hansl herrichten. Kam ich mittags aus der Schule, wurde ich meistens mit Schlägen empfangen; denn ich hatte nachsitzen müssen, weil ich in der Früh zu spät gekommen war. Vor dem Essen mußte ich noch den Laden und das Schlachthaus putzen und das Nötige einkaufen. Bei Tisch hatte ich dann laut das Tischgebet zu beten. Als ich einmal beim Vaterunser statt auf das Kruzifix zum Fenster hinaussah, schlug mich die Mutter ins Gesicht, daß mir das Blut zu Mund und Nase herauslief, auch bekam ich nichts zu essen und mußte während der Mahlzeit am Boden knien. Nach Tisch hatte ich das Geschirr zu spülen, die Kindswäsche zu waschen und den Buben einzuschläfern. Ganz abgehetzt kam ich dann des Nachmittags in die Schule und konnte während der Handarbeitsstunden nur mühsam den Schlaf bekämpfen. Deshalb lernte ich nur schlecht handarbeiten und bekam in diesem Fach meist die Note »Ungenügend«. Zudem strengte mich besonders das Stricken an und verursachte mir stets heftiges Kopfweh. Das wußte die Mutter. Hatte ich nun bei der Hausarbeit etwas nicht recht gemacht, so gab sie mir mit einem spanischen Rohr sechs und manchmal zehn Hiebe auf die Arme und die Innenfläche der Hände, daß das Blut hervorquoll. Hierauf mußte ich mir die Hände waschen und an einem Strumpf in einer gewissen Zeit einen großen Absatz stricken. Vermochte ich vor Schmerzen bis zu der bestimmten Minute nicht fertig zu werden, so wurde die Züchtigung wiederholt.

Im übrigen machte ich in der Schule gute Fortschritte und war bald die Erste. Meine Lehrerinnen nahmen sich meiner an, und als ich einmal in der Früh barfuß in die Schule kam, schickte mich mein Fräulein mit einem Brieflein nachhause, worin sie der Mutter Vorwürfe machte. Doch hatte dies nur eine erneute Züchtigung mit einem Spazierstock meines Vaters zur Folge, einem sogenannten Totschläger oder Ochsenfiesel, in den ringsherum kleine Bleikugeln eingegossen waren.

Geliebt hat mich meine Mutter nie; denn sie hat mich weder je geküßt, noch mir irgend eine Zärtlichkeit erwiesen; jetzt aber, seit der Geburt ihres ersten ehelichen Kindes, behandelte sie mich mit offenbarem Haß. Jede, auch die geringste Verfehlung wurde mit Prügeln und Hungerkuren bestraft, und es gab Tage, wo ich vor Schmerzen mich kaum rühren konnte.[1]

Spurensuche in Glonn

In mehreren bayerischen Städten wird das Andenken Lena Christs gepflegt. Selbst in der Ruhmeshalle an der Theresienwiese in München ist eine Büste aufgestellt. Nur zwei anderen Frauen wurde diese Ehre nach ihr erwiesen: der Mathematikerin Emmy Noether und der Schauspielerin Clara Ziegler. Einige Straßen tragen Lena Christs Namen und an ehemaligen Wohnhäusern wurden Gedenktafeln angebracht.

Besonders lebhaft und liebevoll erinnert man in Glonn an die Schriftstellerin. Hier erlebte sie ihre ersten noch unbeschwerten Jahre.

In der heutigen Lena-Christ-Straße 10 wurde sie geboren. Das alte Haus steht nicht mehr, doch auch der im gleichen Stil erbaute Neubau trägt eine Tafel, auf der das Ereignis festgehalten ist.

Die Büste vor dem Rathaus wurde von einem Glonner Künstler angefertigt. Die Haare der Schriftstellerin sind zu einem Knoten geschlungen, in dem zwei Bleistifte stecken. Im Rathaus selbst erinnert ein gemaltes Porträt an Glonns berühmteste Tochter.

Ganz persönlich lernt man die Schriftstellerin im Heimatmuseum kennen (Klosterweg 7, 85625 Glonn). Die Lena-Christ-Stube ist bäuerlich mit den Möbeln der damaligen Zeit ausgestattet. In einer Vitrine werden einige Andenken aufbewahrt, die ihr gehört haben: einige Bücher, ein Schultertuch, ein schwarzes Täschchen mit langen Fransen, dazu Rosenkranz und Taufkerze.

Glonn

Bei einem organisierten Rundgang auf den Spuren Lena Christs werden dazu viele Geschichten erzählt. Der Stadtchronist Hans Obermair, der sich seit vielen Jahren mit Lena Christ beschäftigt hat, kennt sie alle. Er führt die Besucherinnen und Besuchern an viele Orte, die in ihrem Leben und in ihren Romanen eine Rolle gespielt haben – vom Taufbecken, in dem sie ihr erstes Sakrament erhielt, bis zu ihren Spielplätzen in Gärten, an Bächen, auf Wiesen und Feldern.

Hans Obermair hat zum 125. Geburtstag Lena Christs eine Schrift verfasst, die bei der Marktgemeinde Glonn bestellt werden kann: »Lena Christ und Glonn. Herkunft und Wurzeln«. Hier können auch Rundgänge auf den Spuren von Lena Christ gebucht werden. (Marktplatz 1, 85625 Glonn, marktgemeinde-glonn.de)

Monacensia

»Das literarische Gedächtnis der Stadt München« – so bezeichnet sich die Monacensia im Hildebrandhaus. Die Institution, die an die Münchner Stadtbibliothek angebunden ist, beherbergt das Literaturarchiv und eine Forschungsbibliothek der Stadt. Im Rahmen ihres Forschungsprojekts »Frauen und Erinnerungskultur« sammelt und veröffentlicht die Monacensia Daten von wichtigen Frauen der Stadt. Damit soll eine Lücke geschlossen werden, da diese in Archiven bisher deutlich unterrepräsentiert sind.

Zu diesen Frauen gehört auch Lena Christ. Die Monacensia hat 2010 von ihren Nachkommen eine umfangreiche Schenkung erhalten. Zu der Sammlung gehören Manuskripte, Briefe, biografische Dokumente und zahlreiche persönliche Gegenstände. (www.muenchner-stadtbibliothek.de/femaleheritage)

Lesenswert

Die Romane

Lena Christs Romane werden gelegentlich neu aufgelegt. Die drei wichtigsten sind:

»Erinnerungen einer Überflüssigen« von 1912, ein stark autobiografisch gefärbter Bericht über ein leidvolles Leben.

»Mathias Bichler« von 1914, ein bäuerlicher Abenteuerroman, mit dem Lena Christ ihrem geliebten Großvater ein Denkmal setzte.

»Die Rumplhanni« von 1916, die Geschichte einer ehrgeizigen Magd mit gepfefferten bayerischen Dialogen.

Derzeit lieferbar sind neben den »Erinnerungen einer Überflüssigen« auch Lena Christs »Lausdirndlgeschichten« von 1913.

Alle drei Romane bildeten die Grundlage für Filme und Hörspiele.

Romane und Erzählungen Lena Christs finden sich auch beim Projekt Gutenberg.

Die Biografie

Die renommierte Biografin und Christkennerin Gunna Wendt hat eine lebhafte Biografie der Schriftstellerin verfasst. Sie konnte dabei auf bis dahin unbekannte Dokumente zurückgreifen. Das Bild, das sie zeichnet, ist erstaunlich. Lena Christ wird hier nicht als Opfer dargestellt, sondern als selbstbestimmte, mutige Frau, die auch noch ihren letzten Schritt plante.

Gunna Wendt: »Die Glückssucherin«, Verlag Langen Müller, München 2012.

Anmerkungen

1   Lena Christ: »Erinnerungen einer Überflüssigen«, Deutscher Taschenbuch Verlag, München 1987, S. 40-42

2   Eine anschauliche Reisebeschreibung ins Reich der Lena Christ rund um Glonn gibt die Autorin Renate Just in ihrem Buch »Krumme Touren 2. Reisen in die Nähe: Chiemgau und Salzkammergut«, Verlag Antje Kunstmann, München 2003, S. 20 ff.

Emmy Ball-Hennings

»Ich finde es unanständig, vorsichtig zu leben«

Emmy Ball-Hennings,
geb. Cordsen,
geb. 17. Januar 1885
in Flensburg,
gest. 10. August 1948
in Sorengo bei Lugano

Emmy Ball-Hennings war der Star des Dadaismus, die einzige Frau in einer Gruppe von Literaten, die während des Ersten Weltkriegs die Kunst zertrümmerten. Jeden Abend führten sie im Zürcher Cabaret Voltaire vor, was davon übrig blieb: Silben statt Wörter, Gestammel statt Rezitation, Chaos statt Schönheit – ein Spiegel der Zeit. Im Mittelpunkt stand Emmy Ball-

Hennings. Mit ihrer Ausdruckskunst und Ausstrahlung sorgte sie als Sängerin und Tänzerin dafür, dass nicht alles auseinanderbrach. Alle waren begeistert, alle – außer Emmy Ball-Hennings. Zu viele Leute seien vom Dadaismus entzückt gewesen, resümierte sie später kühl, und schrieb stattdessen nachdenkliche, autobiografisch gefärbte Romane, Märchen, Legenden und innige, schwebende Gedichte, kraftvoll und zart zugleich.

So vielseitig und widersprüchlich wie ihr Werk waren auch Emmy Ball-Hennings Leben und Wesen: Sie wurde in namhaften Kabaretts gefeiert und blieb trotzdem arm. Sie war eine drogensüchtige Prostituierte, die mehrmals im Gefängnis saß, und dabei eine tiefgläubige Katholikin. Sie war witzig und romantisch, naiv und exzentrisch, irrational und unglaublich mutig: Als ihr Freund Erich Mühsam 1933 von der SA verhaftet worden war, versuchte sie vergeblich, ihm zur Ausreise in die Schweiz zu verhelfen, und verließ sogar das sichere Exil, um ihn im KZ Oranienburg zu besuchen. »Ich finde es unanständig, vorsichtig zu leben« – das Motto galt bis zu ihrem Tod.

Schon früh fiel die kleine Emma Maria aus dem Rahmen. So viel grenzenlose Fantasie, so viel unerschöpfliche Energie machten die Eltern Cordsen – Werftarbeiter und Wäscherin von Beruf – ratlos. Schauspielerin wollte sie werden, und dem Theater galt ihre ganze Leidenschaft. Als Schülerin putzte sie für wenig Geld und verkaufte Kaninchenfelle, um sich Eintrittskarten zusammenzusparen. Kurz nachdem sie mit 18 Jahren geheiratet hatte, war es endgültig vorbei mit der Bürgerlichkeit. Emmy ließ ihr Kind – wie später ein weiteres – bei ihrer Mutter zurück und schloss sich mit ihrem Ehemann einer Wanderbühne an. Als er sie verließ, tingelte sie in wechselnden Ensembles oder allein durch halb Europa und wurde dabei als Diseuse, Tänzerin und Schauspielerin immer berühmter. In der Münchner Künstlerkneipe Simplicissimus lernte sie ihren zweiten Ehemann Hugo Ball kennen, mit dem die pazifistische Künstlerin aus dem kriegsbegeisterten Deutschland 1915 in die Schweiz emigrierte. Auch hier blieb sie ruhelos. Das Ehepaar verließ Zürich und den Dadaismus und wurde erst im Tessin sesshaft. In ihrem Buch »Geliebtes Tessin« hat Emmy Ball-Hennings die neue Heimat gewürdigt. Nach Hugo Balls Tod im Jahr 1927 blieb sie, schrieb weiter und kümmerte sich um den Nachlass ihres Mannes. Doch bald schon interessierte sich niemand mehr für ihre Arbeit. Erst in den letzten Jahren werden ihre Werke wieder gedruckt und auch ihr Leben findet Beachtung. Allerdings nicht überall. Auf der Übersichtstafel des Friedhofs von Gentileno, auf dem sie begraben ist, wird auf die letzten Ruhestätten bedeutender Menschen aufmerksam gemacht: Hermann Hesse, der Dirigent Bruno Walter und Hugo Ball. Emmy Ball-Hennings' Name fehlt.

Traum

Ich bin so vielfach in den Nächten
Ich steige aus den dunklen Schächten.
Wie bunt entfaltet sich mein Anderssein.

So selbstverloren in dem Grunde,
Nachtwache ich, bin Traumesrunde
Und Wunder aus dem Heiligenschrein.

Es öffnen sich mir viele Pforten.
Bin ich nicht da? Bin ich nicht dorten?
Bin ich entstiegen einem Märchenbuch?

Vielleicht geht ein Gedicht in ferne Weiten.
Vielleicht verwehen meine Vielfachheiten,
ein einsam flatternd, blasses Fahnentuch.[1]

Agnuzzo

**Spuren-
suche**

Spurensuche im Tessin

Die letzten beiden Jahrzehnte ihres Lebens verbrachte Emmy Ball-Hennings im Schweizer Kanton Tessin.
Sie liebte das Land und hat es in leuchtenden Worten
beschrieben: »Am schönsten freilich ist der Herbst.
Die Gnade einer letzten großen Zärtlichkeit ... Unbe-
schreiblich sind die zarten und doch intensiven Farben des Übergangs ... Die Weingärten blühen, flam-
mendes Laub in allen Nuancen. Über dem See liegt
morgens und abends ein Hauch, ein feiner tauben-
blauer Nebel, ein Schleier, und durch diesen Schleier
betrachtet, wird die Landschaft, die ganze Welt etwas unbestimmt, keineswegs sicher, aber unendlich

schön.«[2] Am meisten liebte sie das Dorf Agnuzzo an der Bucht von Agno des Luganer Sees, wo sie in einem Haus an der Piazzetta Roncorino wohnte. Von hier aus unternahm sie Wanderungen so wie die nach Riva San Vitale, wo sie an einer Feier zur Seligsprechung von Manfredo Settala teilnehmen wollte. Sechs Stunden Fußweg waren zu bewältigen, ausführlich schildert sie die Strecke und ihre Eindrücke: über Sorengo und Paradiso nach Lugano hinab, dann links über die Brücke von Melide und immer gradeaus bis Capo Lago. Dort rechts abbiegen und »ein klein wenig aber nicht ganz schräg« bis zum Ziel[3]. Emmy Ball-Hennings erzählt von diesem Weg durch Weinberge, Gärten und Wiesen. Sie ist entzückt über Sonne und Blumen, freut sich über Dörfer wie Melide und Bissone und fühlt sich beim Anblick des Luganer Sees wie im Paradies, auch wenn die Feier dann doch nicht stattgefunden hat. Dass sie zweimal unterwegs ihr Geld verlor und jedes Mal wieder bekam, war ihr Wunder genug. Und den Manfredo hat sie auf dem Monte San Giorgio besucht, wo er als Einsiedler gelebt hat.

Ganz so idyllisch sind die Wege heute nicht mehr. Verkehr und Tourismus haben die Gegend verändert. Doch immer noch bezaubert die Landschaft und beeindrucken die alten Orte mit ihren Kulturdenkmälern. Riva San Vitale zum Beispiel ist offiziell als schützenswertes Ortsbild der Schweiz von nationaler Bedeutung eingestuft. Den Seligen Manfredo kann man dort tatsächlich finden. Seine Gebeine werden in der Kirche San Vitalis verehrt.

Riva San Vitale

Eine Liebe in Gedichten

Es war keine einfache Beziehung. Streit, Eifersucht, Untreue gehörten bis zuletzt zur Ehe von Hugo Ball und Emmy Ball-Hennings. Doch ihre Briefe und die Gedichte, die sie einander widmeten, erzählen auch von ihrer Liebe und Verbundenheit.

An Emmy

Sag mir ...

Sag mir, daß Du Dich im Föhnwind sehnst
Und daß Du trauern würdest,
Wenn ich ginge.
Sag mir, daß diese Tage schön sind
Und daß Du weinen wirst,
Wenn ich nicht singe ...

Sag mir, daß Du dem Leben gut bist.
Sag meiner Stimme, daß sie nie verwehe ...
Und daß Du heiter und voll frohen Mut bist
Auch wenn ich lange Zeit Dich nicht mehr sehe.

Sag mir, daß ich ein töricht Kind bin
Und streichle mich wie eine junge Meise.
Sag mir, daß ich zu Dir zurückfind',
Auch wenn die Nächte dunkel sind,
Durch die ich reise ...

Emmy an Hugo
Ich bin das Kind mit suchendem Gesicht,
Das sich verlor in Deines Mantel Weiten.
Ich lächle Deines Wesens Dunkelheiten,
So eingehüllt in Dir sag ich vom Licht.

Ich bin die kleine Unscheinbare,
Die sich verirrt in Gassen fand,
Die sich verlor ins wunderbare,
In Dir, Du Lied der jungen Jahre,
Das stets in meiner Seele stand.

Laß ruhen mich in Harfendämmerungen
Und träumen Deinen schönsten Stern,
Und wenn das letzte Licht versungen,
Dann sterb ich gern ...[4]

Lesenswert

Romane und Erzählungen
Einige Romane und Erzählungen von Emmy Ball-
Hennings sind im Projekt Gutenberg veröffentlicht
worden. Darunter ist auch ihr autobiografischer
Roman »Gefängnis«. Bei seinem Erscheinen erregte
er viel Aufsehen, war es doch das erste Mal, dass eine
Frau solche Erfahrungen literarisch verarbeitete.
»Gefängnis« ist 2016 (unter dem Autorinnennamen
Emmy Hennings) zusammen mit »Das graue Haus«
und »Das Haus im Schatten« im ersten Band der kom-
mentierten Studienausgabe der Werke und Briefe im
Wallstein Verlag erschienen.

Die Gedichte

»Und welch schöne Gedichte hat Emmy Hennings geschrieben! Es wäre sehr an der Zeit, sie in einem Bande zu sammeln«, urteilte Hermann Hesse, enger Freund in der Tessiner Zeit, in seinem 1938 verfassten Geleitwort zu »Blume und Flamme«[5]. Das komplette lyrische Werk ist nun im dritten Band der im Wallstein Verlag erschienenen Studienausgabe enthalten.

Emmy Hennings: »Gedichte«, hg. von Nicola Behrmann und Simone Sumpf, Wallstein Verlag, Göttingen 2020.

Hörenswert

Eine umfassende Annäherung an Emmy Ball-Hennings hat der Hamburger Künstler und Hörbuchregissseur Andreas Karmers kreiert.
Neun Sprecherinnen und Sprecher setzen unterstützt durch Musik deren Geschichte mit Auszügen aus Tagebüchern und Briefen, Prosa und Lyrik zusammen.

Andreas Karmers: »Das Märchen ist zu Ende. Annäherungen an Emmy Hennings«, Edition Appolon, 3 CDs.

Anmerkungen

1   Emmy Ball-Hennings: »Traum«, aus: Dies.: »Helle Nacht.
    Gedichte«. Erich Reiss, Berlin 1922, S. 45.
2   Emmy Ball-Hennings: »Geliebtes Tessin«, Verlag Die Arche, Zürich
    1976, S. 9.
3   Ball-Hennings, a.a.O., S. 31 f.
4   Emmy Ball-Hennings: »Hugo Ball. Sein Leben in Briefen und
    Gedichten. Mit einem Vorwort von Hermann Hesse«, S. Fischer
    Verlag, Berlin 1930, S. 20 f.
5   Geleitwort von Hermann Hesse in: Emmy Ball-Hennings: »Blume
    und Flamme. Geschichte einer Jugend«, Verlagsanstalt Benziger &
    Co. AG., Einsiedeln / Köln 1938, zitiert nach der gleichnamigen
    Ausgabe im Suhrkamp Verlag, Frankfurt am Main 1987, S. 8.

Alma Johanna Koenig

»Wenn Du kannst, nimm die Katze zu Dir. Adieu«

Alma Johanna Koenig,
geb. 18. August 1887 in Prag,
gest. vermutlich 1. Juni 1942
in Maly Trostinez

Ihr letztes Buch hat Alma Johanna Koenig ohne Hoffnung geschrieben. Sie zweifelte daran, dass es jemals veröffentlicht würde. Sie konnte kaum damit rechnen, es zu Ende zu schreiben, denn als Mensch mit jüdischen Wurzeln war sie im Wien des Jahres 1942 ständig in Gefahr, deportiert zu werden. So rang sie ihren wichtigsten Roman der Zeit ab und den kümmerlichen

Umständen, unter denen sie lebte. Sie schrieb in der winzigen, kalten Dienstmädchenkammer, die sie mit einer fremden alten Frau teilen musste. Sie schrieb, auch wenn sie hungrig und nach stundenlanger Zwangsarbeit völlig erschöpft war. Kurz nachdem sie den Schlusspunkt unter ihr Manuskript gesetzt hatte, wurde sie in der Nacht zum 22. Mai abgeholt. Das Buch »Nero, der jugendliche Gott« beschreibt im historischen Gewand Gewaltherrschaft und Machtmissbrauch, unverkennbar sind die Parallelen zum Terrorregime der Nazis. Doch die Bedeutung des Romans geht darüber hinaus. Mit seinem unbedingten Eintreten gegen menschliche Überhöhung und Erniedrigung ist er zeitlos aktuell.

Alma Johanna Koenig hat in ihrem Werk immer wieder über ihr Leben berichtet. Ihr autobiografisches Gedicht »Vergeltung« erzählt von ihrer einsamen Kindheit bei wohlhabenden, aber vergrämten Eltern, von der Jugend, die sie damit verbrachte, die Mutter zu pflegen. Damals veröffentlichte sie ihre ersten Texte unter dem Pseudonym Johannes Herdan, um ihre Familie zu schonen. Angedeutet wird im Gedicht auch der Verlust ihres Vermögens, das ihr Ehemann, ein Hochstapler und Weiberheld, durchbrachte. Das Schreiben half ihr in schwierigen Zeiten, auch in Algier, wo sie mit ihrem Mann lebte, bis sie sich 1930 von ihm trennte.

Der literarische Erfolg war ihr treu. Erst die Machtergreifung der Nationalsozialisten beendete ihn. Ihre Bücher wurden 1933 zunächst in Deutschland verboten. Bis dahin hatten ihre Romane hohe Auflagen. Für ihr Buch »Die Geschichte von Half, dem Weibe« bekam sie den Literaturpreis der Stadt Wien. Ihre Gedichte gehören zu den besten in der deutschsprachigen Lyrik. Ihr umfassendes Wissen über die Antike wurde bewundert, ihre sinnliche Sprache erregte Aufmerksamkeit. Alma Johanna Koenig war eine leidenschaftlich liebende Frau, sie blieb es gegen alle Widerstände.

Ihrem Geliebten, dem 27 Jahre jüngeren Oskar Jan Tauschinski ist es zu verdanken, dass ihr letztes Buch der Nachwelt erhalten ist. Fast jeden Abend besuchte er sie, nahm ihre neu geschriebenen Seiten an sich, schrieb sie fünf Mal ab. Seine Umsicht zahlte sich aus. Immerhin zwei dieser Exemplare überdauerten den Krieg. 1947 wurde das Buch gedruckt.

Alma Johanna Koenig hat ihm ihre letzten Gedichte, die »Sonette für Jan«, gewidmet. Und ihre letzten Lebenszeichen waren für ihn bestimmt, wenige Zeilen auf Zetteln, die sie aus dem Sammellager schmuggeln konnte. Ohne Angst und Anklage ging sie ihren Weg, fürsorglich bis zuletzt: »Geh nicht am Leben vorüber; leb es für Dich. Wenn Du kannst, nimm die Katze zu Dir. Adieu.« Am 27. Mai wurde sie abtransportiert. Danach ist sie verschollen.

Vergeltung

Meine Kindheit war wie ein schwarzer Gang,
durch den ich gehetzt entlief.
Ich rannte die modrigen Mauern entlang
und ich weinte vor Angst und rief …

Meine Jugend war wie ein tiefer Schacht,
drin der Tag wie ein Stein versank.
Ich ging durch die Gassen in flammender Nacht,
und ferne verhallte Gesang …

Meine Reife ist knirschendes Mühlendrehn,
das die kärgliche Brotfrucht mahlt.
Doch als ich nur einmal dich lächeln gesehn,
war alles schon überzahlt …[1]

Dr. Kronawetter-Hof

Spuren-
suche

Spurensuche auf traurigen Wegen

Für ihren Wikingerroman »Die Geschichte von Half, dem Weibe« wurde Alma Johanna Koenig 1925 mit dem Literaturpreis der Stadt Wien ausgezeichnet. Damit war ein handfester Vorteil verbunden: lebenslanges Wohnrecht in einer Wiener Gemeindewohnung. Tausende solcher Wohnanlagen wurden in den 1920er Jahren im Rahmen eines Projekts der regierenden sozialdemokratischen Arbeiterpartei gebaut, um die Lebensbedingungen der Bevölkerung zu verbessern. Sie waren hell und trocken und verfügten über Gemeinschaftseinrichtungen wie Bäder und Bibliotheken. In eine davon, den Dr.-Kronawetter-Hof, zog Alma Johanna Koenig nach ihrer Rückkehr aus Afrika ein. Die Anlage in der Pfeilgasse 47–49 im achten Wiener Bezirk steht heute unter Denkmalschutz.

Das lebenslange Wohnrecht hatte nach der Machtübernahme der Nationalsozialisten jedoch keinen Bestand mehr. Ab 1939 führten die neuen Machthaber massenhaft Zwangsumsiedlungen durch. Jüdische Mieterinnen und Mieter mussten ihre Wohnungen verlassen und wurden in Unterkünften zusammengedrängt, die sich noch in jüdischem Eigentum befanden und Judenhäuser oder Sammelwohnungen genannt wurden. Auch Alma Johanna Koenig traf dieses Schicksal. Acht Mal wurde sie während der folgenden drei Jahre in immer elendere Quartiere gezwungen, zum Schluss in die Rögergasse 18 im Alsergrund, 9. Bezirk, wo viele dieser Häuser standen. Der Verein »Steine der Erinnerung an jüdische Opfer des Holocausts« (steinedererinnerung.net) hat die Adressen auf seiner Internetseite aufgelistet. Alma Johanna Koenigs Name steht nicht auf einem der vier Steine vor ihrem letzten Wohnort. Zu viele Menschen haben hier in zu kurzer Zeit gewohnt, bevor sie in das größte Sammellager der Stadt, Kleine Sperlgasse 2a, gebracht wurden. Der Bericht eines Überlebenden, Otto Kalwo, ist ein Zeugnis des dortigen Elends. Er schreibt von unruhigen Menschen, die unentwegt die Treppen auf und ab liefen, von hilflosen Kranken auf dreckigen Matratzen, vom angstvollen Raunen in allen

Räumen. Nach der Auflösung des Sammellagers wird seit 1943 in dem Haus unterrichtet. Heute ist es eine öffentliche Volksschule.

Fünf Tage musste Alma Johanna König dort ausharren. Dann wurde sie in einen Lastwagen gepfercht zu ihrer letzten Wiener Station, dem Aspangbahnhof im 3. Bezirk gebracht. Dessen Gebäude stehen nicht mehr. Doch ein Mahnmal im Leon-Zelman-Park erinnert seit 2017 an die 47.035 jüdischen Menschen, die von hier aus in Ghettos und Konzentrationslager deportiert wurden. Es ist Bahnschienen nachgebildet, die nach dreißig Metern in einem dunklen Betonblock enden. Daneben ein Text auf einer Tafel: »Es ist nicht zulässig zu vergessen, es ist nicht zulässig zu schweigen. Wenn wir schweigen, wer wird dann sprechen?«

Über den Tod hinaus

Dem Schriftsteller Oskar Jan Tauschinski ist es zu verdanken, dass Alma Johanna Koenigs Werk noch lange nach ihrem Tod nicht vergessen wurde. Er rettete nicht nur ihren letzten Roman durch den Zweiten Weltkrieg, sondern sorgte dafür, dass er nach dem Krieg gedruckt wurde und dass auch andere Bücher seiner Lebensgefährtin neu aufgelegt wurden. Außerdem stiftete er zu ihren Ehren den »Alma Johanna Koenig-Preis«, einen Literaturpreis, der alle fünf Jahre vergeben wurde, unter anderem an Johannes Bobrowski. Die letzte Verleihung fand 1987 zum 100. Geburtstag der Namensgeberin statt. Das schönste Denkmal setzte Tauschinski ihr in seinem Roman »Talmi« in Gestalt der Aglaia: Ein altes Ehepaar beobachtet diese jüdische Künstlerin, die von den Nazis zum Schneeschaufeln eingesetzt worden ist. »Siehst du die Große da vorn, in der braunen Hose?«, sagt die Frau. »Die kommt daher wie eine Königin.« Tauschinskis nächster Satz ist eine Liebeserklärung: »Es ist eine Königin.«

Der Roman

Alma Johanna Koenig: »Nero, der jugendliche Gott«.
Das Buch ist ebenso wie andere Romane und Erzählungen der Schriftstellerin in das Projekt Gutenberg
aufgenommen worden.

Die Gedichte

Alma Johanna Koenig: »Vor dem Spiegel. Lyrische
Autobiografie«. Auswahl und Nachwort Oskar Jan
Tauschinski. Styria, Graz 1978.

Das Buch enthält auch eine Tafel mit den
Lebensdaten der Autorin sowie eine vollständige
Bibliografie.

Der Zeit-Roman

Oskar Jan Tauschinski schrieb in seinem Roman
»Talmi« die Geschichte eines charmanten Hoch-
staplers in der Zeit zwischen den beiden Weltkriegen.
»Ein tiefgründiger und dennoch gewitzter Roman
über Täuschung und Opportunismus, über Kunst und
Widerstand – und über aufopferungsvolle Liebe«,
heißt es beim Wiener Verlag Edition Atelier, der das
Buch 2019 neu herausgebracht hat.

1   Alma Johanna Koenig: »Vor dem Spiegel. Lyrische Autobiografie«.
    Auswahl und Nachwort Oskar Jan Tauschinski. Styria, Graz 1978,
    S. 32.

Gertrud Kolmar

»So will ich auch unter mein Schicksal treten«

Gertrud Kolmar,
geb. 10. Dezember 1894
als Gertrud Käthe Chodziesner
in Berlin,
gest. vermutlich Anfang
März 1943 in Auschwitz

Sie ist eine der großen Stimmen in der deutschsprachigen Lyrik. Ihr Name wird heute in der Fachwelt gleichberechtigt mit Annette von Droste-Hülshoff und Else Lasker-Schüler genannt. Doch einem großen Publikum ist Gertrud Kolmar 80 Jahre, nachdem sie von den Nazis ermordet wurde, noch immer nicht bekannt. Die Tochter aus einer wohlhabenden jüdischen Familie war eine zurückhaltende Frau, eine, der es wichtiger war, zu schreiben als öffentlich wahrgenommen zu werden. Vom aufgeregten Literaturbetrieb im Berlin der 1920er Jahre hielt sie sich fern. Ihr erster Gedichtband wurde 1917 nur durch eine Initiative ihres Vaters, eines bekannten Rechtsanwalts, herausgegeben. Sie hatte Kontakt zu wenigen bedeutenden Schriftstellerinnen und Schriftstellern. Glücklicherweise sorgte sie dafür, dass ihr Werk rechtzeitig zu ihrer in der Schweiz lebenden Schwester gelangte und so gerettet wurde. Gertrud Kolmar schrieb viel mehr, als sie veröffentlichte. Sie schrieb in den Jahren, in denen sie als Erzieherin und Dolmetscherin arbeitete, später im Haus ihrer Eltern, wo sie den Vater nach dem Tod der Mutter versorgte und selbst dann noch, als sie mit ihm in eine überbelegte Wohnung in einem sogenannten Judenhaus ziehen musste. Sie lieh ihre Stimme Frauen, die ausgestoßen, krank und rechtlos waren: »Die alte Jungfer«, »Die Landstreicherin«, »Die Einsame«, »Die Irre« heißen einige ihrer Gedichte. Einsam war sie selbst wohl ihrem Wesen nach, zog sich schon als Kind zurück aus dem Spiel der Geschwister. Keine ihrer Beziehungen zu Männern war glücklich. Sie sei immer die »Andere« gewesen, nie die »Eine« schrieb sie in einem Brief. Am meisten litt sie unter dem abrupten Ende ihrer ersten Liebe, und darunter, dass sie dem Drängen der Mutter nachgab und ihre Schwangerschaft abbrach. Der Verlust war ihr Leben lang ein Thema ihrer Dichtung. Ihren Schmerzen gab sie Worte – zeitlos schön und unendlich traurig wie auch in ihren Gedichten über die Natur, die sie als schutzlos und bedroht ansah.

Visionär waren ihre Verse über das jüdische Volk, dem sie sich immer stärker zugehörig fühlte, je mehr es verfolgt wurde. »Wir Juden« heißt ihr stolzes Gedicht, in dem sie sich zu den Gequälten stellt: »So wirf dich du dem Niederen hin, sei schwach, umarme das Leid, / Bis einst dein müder Wanderschuh auf den Nacken der Starken tritt.«[1] Gertrud Kolmar war ein Opfer, doch sie war nicht schwach. Ungebeugt ging sie ihren Weg. Sie hätte emigrieren können wie ihre Geschwister. Aber sie wollte den alten Vater nicht allein zurücklassen, erst recht nicht, als sie 1938 aus ihrem schönen Haus vertrieben wurden. Da hatte sie noch wenig mehr als vier Jahre zu leben. Einen großen Teil davon war sie als Zwangsarbeiterin in einer Munitionsfabrik verpflichtet. Zwei Monate bevor sie nach Auschwitz deportiert wurde, schrieb sie ihrer Schwester: »So will ich auch unter mein Schicksal treten, mag es hoch wie ein Turm und lastend wie eine Wolke sein. Wenn ich es schon nicht kenne: ich habe es im voraus bejaht, mich ihm im voraus gestellt, und damit weiß ich, dass es mich nicht erdrücken wird ...«[2]

Aus dem Werk

Die Verlassene

An K.J.

Du irrst dich. Glaubst du, daß du fern bist
Und daß ich dürste und dich nicht mehr finden kann?
Ich fasse dich mit meinen Augen an,
Mit diesen Augen, deren jedes finster und ein Stern ist.

Ich zieh dich unter dieses Lid
Und schließ es zu und du bist ganz darinnen.
Wie willst du gehn aus meinen Sinnen,
Dem Jägergarn, dem nie ein Wild entflieht?

Du läßt mich nicht aus deiner Hand mehr fallen
Wie einen welken Strauß,
Der auf die Straße niederweht, vorm Haus
Zertreten und bestäubt von allen.

Ich hab dich liebgehabt. So lieb.
Ich habe so geweint ... mit heißen Bitten ...
Und liebe dich noch mehr, weil ich um dich gelitten,
Als deine Feder keinen Brief, mir keinen Brief mehr
schrieb.

Ich nannte Freund und Herr und Leuchtturmwächter
Auf schmalem Inselstrich,
Den Gärtner meines Früchtegartens dich,
Und waren tausend weiser, keiner war gerechter.

Ich spürte kaum, daß mir der Hafen brach,
Der meine Jugend hielt – und kleine Sonnen,
Daß sie vertropft, in Sand verronnen.
Ich stand und sah dir nach.

Dein Durchgang blieb in meinen Tagen,
Wie Wohlgeruch in einem Kleide hängt,
Den es nicht kennt, nicht rechnet, nur empfängt,
Um immer ihn zu tragen.

K.J. sind die Initialen ihrer Jugendliebe: Karl Jodel

Spurensuche in Falkensee

Von 1923 bis 1939 lebte Gertrud Kolmar im Haus ihrer Eltern in der Villenkolonie Finkenkrug, die zu Falkensee gehört, einer Stadt an der Grenze zu Berlin. Hier entstand der größte Teil ihres Werks. Das Gebäude in der heutigen Feuerbachstraße 13 (damals Manteuffelstraße) ist Teil der Lessing-Grundschule und wurde bisher als Hort genutzt. Eine Tafel weist auf die frühere Bewohnerin hin. Es gibt Pläne, dem Andenken mehr Raum zu geben.

Nicht weit vom ehemaligen Wohnhaus entfernt wird die Erinnerung an Gertrud Kolmar schon jetzt liebevoll gepflegt. In den Räumen von Museum und Galerie Falkensee ist die Dichterin überall gegenwärtig nicht nur auf der Tafel mit ihren Lebensdaten und in der kleinen Bibliothek mit ihren Werken. Über den Türen sind Gedichtzeilen angebracht, die das Thema des folgenden Raumes widerspiegeln. Mit den Worten »Die schwarzen Reiher flogen über grüngoldnes Birkengerinnsel« wird man etwa in den Raum geführt, in dem die Natur- und Tierwelt des Havellandes ihren Platz hat. Im geschmackvollen Katalog zur Dauerausstellung werden die dazu gehörenden Gedichte abgedruckt. In einigen Räumen wird auf den Infotafeln außerdem ein Bezug zu Gertrud Kolmar hergestellt, zum Beispiel wenn es um Falkensee im Nationalsozialismus geht.

Am nächsten kommt man der Dichterin im Gertrud-Kolmar-Rosengarten. Sie liebte diese Blumen,

Museum und Galerie Falkensee

die im großen Garten ihres Elternhauses gepflegt wurden, und hat sie im Zyklus »Bild der Rose« in immer
neue Worte gekleidet – liebend und trauernd, tanzend
und träumend. Im Garten kann man einige dieser Gedichte lesen, aufgeschrieben auf Stelen, die aussehen
wie ein aufgeschlagenes Buch.

Eine zart duftende Rose ist zu Ehren der Dichterin
gezüchtet worden und trägt ihren Namen. Ihre Blüte
hat einen feinen Rosa-Ton. Doch aus ihrer Mitte heraus scheint sie lachsfarben zu glühen.

Die Adresse:
Museum und Galerie Falkensee,
Falkenhagener Straße 77, 14612 Falkensee,
www.museum-galerie-falkensee.de

**Hinter-
grund**

Gedichte für eine Dichterin

Wenn Dichter und Dichterinnen von Ihresgleichen bedichtet werden, dann ist das ein Zeichen großer Wertschätzung. Gertrud Kolmar ist diese Ehre gleich mehrfach zuteil geworden. Zwei berühmte Lyrikerinnen und ein ebenso berühmter Lyriker haben ihr Verse gewidmet und sie poetisch charakterisiert. Hier drei der Gedichte in Auszügen:

»Die Hellsichtige [G.C.]
Du sahst die Gedanken kreisend gehn
Wie Bilder um ein Haupt.
Der Luft hast du geglaubt,
Darin die Sterne auferstehn.«

Nelly Sachs im Gedichtzyklus »Grabschriften in die Luft geschrieben«, gefunden bei https://www.zukunft-braucht-erinnerung.de/gertrud-kolmar-die-tragische-schwester-der-nelly-sachs/

»Dort ist eine gegangen,
Mädchen mit glattem Haar,
die Ebene unter den Lidern
lugte herauf, in den Mooren
vertropfte der Schritt.«

Johannes Bobrowski: »Gertrud Kolmar«, in: »Gedichte über Dichter«, hg. von Edgar Neis, Fischer Taschenbuch Verlag, Frankfurt am Main 1982, S. 156.

»Langsamer lesen

Mit jedem Blatt lege ich Lebenszeit ab
von einer die schrieb im vorletzten Brief:
Ganz ohne Freude bin ich freilich nicht
Sie meinte ihre Erinnerungen
Weinte mit keinem Wort
Lebte vom Leben schon sehr weit entfernt
Legte an alles Geschehen längst
den Maßstab der Ewigkeit
Trat freiwillig unter ihr Schicksal
Hatte es schon ›im voraus bejaht, sich ihm
im voraus gestellt‹ schrieb sie«

Ulla Hahn: Auszug aus ihrem Gedicht »Gertrud
Kolmar«, zitiert nach ihrem Nachwort in: Gertrud
Kolmar: »Liebesgedichte«, hg. von Ulla Hahn,
Reclam, Stuttgart 2014, S. 91.

Lesenswert

Der Göttinger Wallstein Verlag hat das komplette
Werk Gertrud Kolmars veröffentlicht. Im Einzelnen
sind erhältlich:

Die Lyrik
Band 1 enthält die frühen Gedichte, Band 2 die Ge-
dichte, die zwischen 1927 und 1937 entstanden sind.
Der Kommentarband enthält Gertrud Kolmars
Gelegenheitsgedichte sowie den Essay »Das Bildnis

Robespierres«. Herausgegeben und kommentiert
wurde »Das lyrische Werk« von Regina Nörtemann.

Die Prosa

Im Roman »Die jüdische Mutter« geht es um ein kleines Mädchen, das einem Sittlichkeitsverbrechen zum
Opfer fällt, um seinen Tod und die Konsequenzen
für die Mutter. In »Susanna« schildert Gertrud Kolmar eine psychisch gefährdete junge Frau, auf deren
Leben eine Erzieherin zurückblickt. Herausgegeben
wurde der Prosa-Band von Regina Nörtemann und
Thedel von Wallmoden.

Die Dramen

In dieser kritischen Edition werden die Stücke von
Gertrud Kolmar von Regina Nörtemann erstmals vollständig herausgegeben und kommentiert.

Das Drama »Cécile Renault. Schauspiel in vier
Aufzügen« (1934/1935) ist ein Stück über die Französische Revolution.

Das Drama »Nacht. Dramatische Legende in vier
Aufzügen« (1938) behandelt eine Episode aus dem
Leben des späteren römischen Kaisers Tiberius,
der den Göttern »umsonst« ein jüdisches Mädchen
opfert.

»Möblierte Dame (mit Küchenbenutzung) gegen
Haushaltshilfe« (vermutlich 1939) ist eine Farce mit
zwei Personen, die vom Alltag in einem sogenannten
Berliner »Judenhaus« berichtet.

Die Briefe

Veröffentlicht werden in dem von Johanna Woltmann herausgegebenen Band vor allem die Briefe, die Gertrud Kolmar vom September 1938 bis zu ihrer Deportation an ihre Schwester Hilde Wenzel schrieb, die in die Schweiz emigriert war. Kolmar berichtet darin von der Lage der Jüdinnen und Juden in Berlin, die immer schwieriger wird. Dazu gibt sie der Schwester häufig verschlüsselte Einblicke in ihr Erleben, ihr Schaffen und in ihre Erinnerungen.

Statt einer Biografie

Anschaulicher und lebendiger als eine Biografie ist die Ausgabe 63/1993 des Marbacher Magazins, die anlässlich einer Ausstellung über Gertrud Kolmar herausgegeben wurde. Neben biografischen Angaben enthält sie zahlreiche Fotos, Gedichte, Briefe, Tagebucheinträge, sachkundige Kommentare, Zeitzeugnisse und vieles mehr.

Anmerkungen

1   Gertrud Kolmar: »Gedichte«, Suhrkamp Verlag, Frankfurt am Main 1980, S. 170.
2   Ulla Hahn: »Nachwort« in: Gertrud Kolmar: »Liebesgedichte«, Reclam, Stuttgart 2014, S. 112.
3   Gertrud Kolmar: »Gedichte«, a.a.O., S. 40.

Adrienne Thomas

»Man durfte doch nicht schweigen«

Adrienne Thomas,
geb. 24. Juni 1897 als
Hertha Strauch in St. Avold,
Elsass-Lothringen,
gest. 7. November 1980
in Wien

Ihr Leben bot Stoff für mehrere Romane. Tatsächlich hat Adrienne Thomas immer wieder auf ihre Tagebücher und Aufzeichnungen zurückgegriffen und sie literarisch bearbeitet. Sie schrieb über ihren Einsatz als Rotkreuzhelferin während des Ersten Weltkriegs am Bahnhof in Metz. Sie dokumentierte 1938 unter Lebensgefahr den Einmarsch der deutschen Truppen in Wien. Da stand sie längst auf einer schwarzen Liste der Nationalsozialisten. »Ich hatte Angst; aber nachts saß ich doch an irgendeinem Schreibtisch und schrieb. Man durfte doch nicht schweigen«, erinnerte sie sich. Sie erzählte von ihrer Flucht in letzter Minute, davon wie sie nachts auf unwegsamen Pfaden die Pyrenäen überquerte, wie sie sich mit falschen Papieren unerkannt in Spanien und Portugal durchschlug, bis sie endlich in Lissabon in Sicherheit war und mit dem Schiff nach Amerika ausreisen konnte. Immer wieder drohte ihre Flucht zu scheitern, in Paris, wo sie als Spionin verdächtigt wurde, im südfranzösischen Internierungslager Gurs, wo sie unter kargen Bedingungen einer unsicheren Zukunft entgegensah.

Gleich ihr erster Roman machte Adrienne Thomas weltberühmt. »Die Katrin wird Soldat« erschien 1930 und war das erfolgreichste Buch, das bis dahin je eine Autorin in Deutschland geschrieben hatte. Es wurde in 15 Sprachen übersetzt, die Gesamtauflage betrug über eine Million. Ein Antikriegsbuch aus der Hand einer Frau, das hatte es noch nie gegeben.

Man nannte Adrienne Thomas den weiblichen Remarque, verglich ihr Buch mit dem Welterfolg »Im Westen nichts Neues«. Doch wird man ihr mit diesem Vergleich nicht gerecht. Anders als Erich Maria Remarque hat sie erlebt, was sie schildert, die begeisterten Männer, die in die Schlacht zogen, ebenso wie die erschöpften, verletzten Rückkehrer. Sie hat am Lager von Sterbenden gesessen und Briefe für Verwundete geschrieben, die es selbst nicht mehr konnten. Wie die Autorin wandelt sich die 17-jährige Protagonistin durch diese Eindrücke vom verliebten Teenager zur reifen jungen Frau und Pazifistin.

Die Nazi-Presse hetzte gegen Adrienne Thomas und sie erkannte schon früh, dass sie an ihrem damaligen Wohnort Berlin nicht mehr sicher sein konnte, zumal sie Jüdin war. Nach mehreren Zwischenstationen wählte sie Wien als neue Heimat, aus der sie jedoch wenige Jahre später wieder fliehen musste.

1947 kehrte sie aus dem amerikanischen Exil in die österreichische Hauptstadt zurück. Trotz aller Schrecken, die sie erfahren hatte, blickte sie ohne Groll auf ihr Leben. Sie habe sich überall wohlgefühlt, sagte sie, und stets das Beste aus ihrer Situation gemacht. Obwohl sie mit ihren späteren Romanen und Jugendbüchern nicht mehr an den Erfolg ihres Erstlings anknüpfen konnte, sind ihre Texte bis heute lesenswert. Sie sind unmittelbar, Anteil nehmend und immer wieder humorvoll. Vor allem aber sind sie nach wie vor aktuell.

»Als alle satt und erfrischt waren, mussten wir für die, die keinen Bleistift halten konnten, die gewünschte Korrespondenz erledigen. Ein Magdeburger diktierte mir: »Liebe Emma, teile dich mit – – – aber Fräuleinchen, ›dich‹ – nich ›dir‹ heest dat – teile dich mit, daß ich man bloß ein Streifschuß an Oberarm habe. Ein ganz leichten, worauf du dich nicht gleich aufzuregen brauchst. Komme bald in Lazeret – – – nu Fräulein! Hier bei den Französischen können Se woll nich mal richtig schreiben, wo ich Sie doch sage: La – ze – ret. Nu machen Sie en Punkt. Dat könn' Sie doch? Und nu noch Gruß und Kuß dein Erwin. So. Nu schreibt mich doch dat Mächen Gruß mit ß! Nee! Keen Wort is, wie's sein soll. Bloß Kuß ist richtig. Na, dat werd'n Sie wohl besser verstehen als dat Schreiben. Is ja auch nicht jedermanns Sache. Wat woll'n Sie aber bloß tun, wenn Sie'n Bräutigam im Felde schreiben, und in jeden Wort is'n Fehler?! Wo wir jetzt alle so mächtig aufs Deutsche sind?!« Ich bin sogar ernst dabei geblieben.«[1]

Bahnhof Metz

Spuren-
suche

Spurensuche im Bahnhof Metz

Wer die lothringische Stadt Metz mit der Eisenbahn besucht, der landet in einem denkmalgeschützten Monumentalgebäude und im Mittelpunkt eines Romans. »Seit heut früh bin ich vereidigte Helferin beim Roten Kreuz, Erfrischungsstation Hauptbahnhof«[2], schrieb Adrienne Thomas in ihrem Roman »Die Katrin wird Soldat«, der auf den realen Tagebuch-Notizen über den Kriegs-Einsatz der 17-Jährigen beruht. Über ein Jahr lang war der wuchtige, neoromanische

Bau mit seiner dreihundert Meter langen Halle Mittelpunkt ihres Lebens und damit der Romanhandlung. Hier versorgte sie täglich Hunderte von Soldaten mit Kaffee und Limonade, schnitt Brote, bis ihr die Hände bluteten, half bei der Betreuung Verwundeter, tröstete, litt mit und leitete letzte Bitten und Grüße weiter. »Auf diesen Bahnsteigen habe ich hinter die Kulissen des Krieges gesehen, habe seine gigantische Maschinerie und seine gigantische Grausamkeit bestaunen können. Hier auf diesen Bahnsteigen wohnt seit einundeinhalb Jahren Schrecken und Entsetzen«, schrieb sie am Ende ihrer Tätigkeit.[3]

Der Bahnhof war von 1905 bis 1908 erbaut worden. Damals gehörte Metz zu Deutschland, Kaiser Wilhelm II. selbst nahm Einfluss auf die Gestaltung des Gebäudes, vor allem auf das Aussehen des vierzig Meter hohen Uhrturms. Militärische Überlegungen spielten die Hauptrolle bei der Planung. Metz war schon Jahre vor Kriegsbeginn als Truppenumschlagplatz gedacht, der Bahnhof ermöglichte den Transport von 20.000 Soldaten innerhalb von 24 Stunden. Auf extrabreiten Bahnsteigen konnten auch Pferde be- und entladen werden. Der Kaiserpavillon im Mitteltrakt repräsentierte Glanz und Gloria. Glasfenster, Kapitelle, Skulpturen sind heute noch so erhalten wie zu der Zeit, als Adrienne Thomas hier arbeitete. An vielen Stellen ihres Buches sind Hinweise auf den Bahnhof zu finden, denen man heute noch nachgehen kann. Zum Gedenken an die Autorin wurde ein Ausgang nach ihr benannt, die »Passage Adrienne Thomas«. Eine Tafel erinnert an die junge Rotkreuz-Helferin.

Adresse: 1 Place du Général de Gaulle,
57000 Metz

Tipp: In seiner Reihe »Eisenbahn-Romantik«
hat der SWR eine Sendung dem Hauptbahnhof Metz
gewidmet. Sie trägt die Nr. 941, wurde am
2. November 2018 ausgestrahlt und ist in der Media-
thek abrufbar.

Unter fremdem Namen

»Eigentlich wollte ich mein erstes Buch unter dem Namen meines ersten Mannes machen (Anm. d. Autorin:
Arthur Lesser). Und dann hab' ich mir gedacht, vielleicht wird er dann immer gefragt: Sind Sie der Mann
von ... Und das wollte ich nicht.«[4]

Adrienne Thomas' Erklärung ihres Pseudonyms
zeugt von einem intakten Selbstbewusstsein. Bei vielen ihrer Geschlechtsgenossinnen war das Gegenteil
der Grund. Im 19. Jahrhundert entschieden sie sich
für Männernamen, hinter denen sie ihre Identität ver-
bergen konnten. Manche umgingen damit die Miss-
billigung von Familie und Gesellschaft, andere wie
George Eliot (d. i. Mary Anne Evans) befürchteten, als
Frau nicht wahrgenommen zu werden. Mit Hilfe eines
Pseudonyms konnten sich Schriftstellerinnen zudem
in Bereiche wagen, die Männern vorbehalten waren.
Bettina von Arnim veröffentliche als St. Albin ihre politischen Schriften. Auch Krimis gehörten lange Zeit
zu den Tabuzonen. Noch in den 1960er Jahren sollte
bei einem Wettbewerb das Preisgeld nicht ausgezahlt
werden, als sich herausstellte, dass der anonym einge-
reichte Siegertitel von einer Frau – Irene Rodrian – verfasst war. Zwar hat sich viel verbessert, doch die alten
Vorurteile sind nicht verschwunden. Vor wenigen Jahren überzeugte ein Verleger eine unbekannte Autorin, nur die Initialen ihres Vornamens zu verwenden.
Das jugendliche Zielpublikum könnte durch das Buch
einer Frau abgeschreckt werden. Die Autorin ließ sich
darauf ein. Ihr Name: Joanne K. Rowling.

Neben dem Text des Romans »Die Katrin wird Soldat« enthält der Band Auszüge aus dem Tagebuch der Autorin, das dem Roman zugrunde liegt, und viele andere Dokumente.

Adrienne Thomas: »Die Katrin wird Soldat und Anderes aus Lothringen«, Röhrig Universitätsverlag, St. Ingbert 2008.

Die Autorin bearbeitet in diesem Buch den sogenannten »Anschluss« Österreichs und ihre Flucht vor den Nazis.

Adrienne Thomas: »Reisen Sie ab, Mademoiselle«, Fischer Taschenbuch Verlag, Frankfurt am Main 2016.

Pidax Historien-Klassiker: Die Katrin wird Soldat (2 DVDs), Pidax film media Ltd (AL!VE).

Verfilmung des gleichnamigen Romans, Regie: Peter Deutsch

1   Adrienne Thomas »Die Katrin wird Soldat. Ein Roman aus Elsaß-Lothringen«, Propyläen-Verlag, Berlin 1930, S. 181.

2   a.a.O., S. 159.

3   a.a.O., S. 304.

4   Adrienne Thomas zitiert nach Armin Strohmeyr: »Verlorene Generation. Dreißig vergessene Dichterinnen und Dichter des ›anderen Deutschland‹. Porträts«, Atrium Verlag, Zürich 2008, S. 218.

Paula Ludwig

»In der Stille hörte man meine Hände dir entgegenwachsen«

Paula Ludwig,
geb. 5. Januar 1900
in Feldkirch, Vorarlberg,
gest. 27. Januar 1974
in Darmstadt

Paula Ludwig ist die Dichterin der Liebe. Sie nannte sich selbst einen Menschen, der nur aus Gefühl besteht. Alles, was sie schrieb, ist voller Hingabe – an die Menschen, an die Natur, an das Leben. Dabei hat es das Leben meist gar nicht gut mit ihr gemeint. Krankheit, Einsamkeit und vor allem Armut waren ihre ständigen Begleiter. Ihre Gedichte und ihre Traumgeschichten wurden hochgelobt. Doch konnte sie vom Schreiben ebenso wenig sorgenfrei leben wie von der Malerei, ihrer zweiten Begabung.

Paula Ludwig wurde auf Schloss Amberg bei Feldkirch geboren. Ihr ganzes Leben lang schwärmte sie von dem verfallenen Gemäuer mitten im Wald, von Füchsen, die im Winter um den Turm schlichen, und von Käuzchen, die durch die Fenster schauten. Die Idylle dauerte nur wenige Jahre. Nach der Trennung der Eltern zog die Mutter mit den Kindern nach Linz. Sie starb, als Paula gerade 14 Jahre alt war. Der Vater holte die Kinder zu sich nach Breslau, kümmerte sich aber nicht weiter um sie. Paula begann zu dichten, sie knüpfte frühe Verbindungen zur literarischen Szene. Drei Jahre später endete ihre erste Liebe mit einer Schwangerschaft. Die 17-Jährige wurde Mutter eines unehelichen Kindes.

Um ihren geliebten Sohn durchzubringen, arbeitete Paula als Dienstmädchen, als Spülerin, als Aktmodell, musste ihn jedoch immer wieder in fremde Hände geben, weil sie manchmal nicht einmal ein Dach über dem Kopf hatte.

Mehrmals zog sie in andere Städte, nach München, nach Berlin, immer auf der Suche nach guten Kontakten, nach Geldquellen und nach der perfekten Liebe. Die glaubte sie gefunden zu haben, als sie 1931 den jüdischen Dichter Yvan Goll kennenlernte. Paula Ludwig war zu diesem Zeitpunkt keine Unbekannte mehr. Sie hatte mehrere Bücher veröffentlicht und für ihren originellen, kaum von Zeitströmungen beeinflussten Stil Anerkennung in Fachkreisen bekommen. Gemeinsam mit Goll erlebte sie einen Schaffensrausch.

Ihr berühmtestes Werk entstand im ersten Jahr der Verbindung: »Dem dunklen Gott«, Verse voll mitreißender Leidenschaft. Auch Goll war beflügelt, schrieb Großes. Doch die Verbindung hatte einen Haken: Goll war verheiratet und konnte sich nicht zwischen den beiden Frauen entscheiden. Nach Jahren des Schwankens und der zunehmenden Täuschung, und nachdem er mit Paula detailliert die gemeinsame Flucht vor den Nazis geplant hatte, emigrierte er mit seiner Frau Claire Goll nach New York.

Auch Paula Ludwig wanderte aus, und zwar nach Brasilien, wo eine Freundin lebte. Voller Kummer über die verlorene Liebe, voller Sorge um ihren Sohn, der in Europa geblieben war, verbrachte sie dort 13 Jahre. Als sie zurückkehrte, hatte sie neben der äußeren auch die innere Heimat verloren. Sie konnte nicht an ihre alte Kreativität anknüpfen. Kaum jemand erinnerte sich an sie. Sie irrte zwischen verschiedenen Städten umher, wohnte in Kellerlöchern und über Kuhställen, schrieb unzählige Bittbriefe. Tatsächlich erhielt sie Hilfe von verschiedener Seite, Bücher wurden neu aufgelegt, zwei wichtige Preise wurden ihr zugesprochen. Doch konnte sie das nur kurz aus ihrer Einsamkeit reißen. Als sie starb, war aus dem Mädchen voller Lebenskraft und Hoffnung eine depressive, alkoholkranke Frau geworden. Paula Ludwigs Texte sind nur noch einem kleinen Publikum bekannt. Doch das Strahlen, das von ihnen ausgeht, ist ungebrochen.

Wer sagte dir wo ich bin
habe ich denn einen Namen
War ich nicht gut versteckt im Gebüsch
verkrochen im braunen Laub
mit grünen Flechten überhangen
Waren meine Augen nicht versunken im Sumpf
meine Zehen verwachsen mit den Wurzeln des
Süßholzes.
Wie fandest du dennoch meine Spur
Mit dem Geruch des Jägers
ohne Schlinge und ohne Dolch
nahtest du auf dem dunkelsten Pfad
Mit dem Auge das man nicht sieht
sahst du mich an.
Da verriet ich mich in der Finsternis
kein Blatt rührte sich
kein Tropfen fiel –
Aber in der Stille hörte man
meine Hände dir entgegenwachsen.[1]

Schloss Amberg, Feldkirch

Spuren-suche

Spurensuche in Feldkirch

»Das Gebäude war unbewohnt, das Haustor gänzlich zugewachsen mit schwarzem Efeu. Das Holz der Efeustämme war eins geworden mit dem Holz der Tür. Der Unterbau des Turmes bestand aus dem Felsen selber, auf dem das Schlösschen errichtet war, und die Nordwand fiel in einer steilen Senkrechten ins Tal hinab. Riesige Tannen verbargen dem Blick den Abgrund. Die Rückwand des Hauses setzte ein Wald fort, der so tief und unendlich war, dass die Wege sich darin verloren und man meinte, er ginge bis zum Aufgang der Sonne.«[2] In diesem einsamen Gemäuer, einem grauen Schlösschen »wie es urälter und wilder nicht sein konnte«, wurde Paula Ludwig geboren. Fast vierhundert Jahre früher hatte hier der Sohn eines Kaisers das Licht der Welt erblickt. Maximilian I. hatte das Schloss für seine Geliebte erbauen lassen. Auf einem Schimmel soll sie durch einen unterirdischen Gang zur Messe geritten sein.

Als Paula Ludwigs Vater zufällig diesen Wohnsitz der schönen Gräfin Anna von Helfenstein entdeckte, war er entzückt. Er liebte solche sagenumwobenen Zeugen der Vergangenheit und ließ sich gern dort nieder, auch wenn er in der Nähe keine Arbeit hatte. Die fand er als Tischler leicht und war auch in diesem Fall willkommen. Statt Miete zu zahlen, bewahrte er das Gemäuer vor weiterem Verfall.

Heute ist von Verfall nichts mehr zu sehen. Das Schlösschen ist restauriert und ausgebaut, ein beliebter Ort für kulturelle Veranstaltungen und private Feste.

Trotz aller Veränderungen ist die Dichterin Paula Ludwig hier und überall an ihrem Geburtsort gegenwärtig. Feldkirch hat ihr ein charmantes Denkmal gesetzt und einen hochwertig gestalteten Stadtbegleiter nach ihr benannt. Mit »Paula« kann man in der ganzen Stadt die Spuren bekannter Schriftstellerinnen und Schriftsteller entdecken. Mit Gedichten, Geschichten und Briefen führen viele, die hier gelebt haben oder zu Besuch waren, an die Stätten ihres Wirkens oder ihres Besuchs. Mit dabei sind unter anderem James Joyce, Arthur Conan Doyle und natürlich Paula Ludwig.

Inzwischen sind mehrere Ausgaben von »Paula« erschienen. Sie sind erhältlich am Tourismuscounter im Montforthaus Feldkirch, Montfortplatz 1, 6800 Feldkirch, Österreich. Unter www.montforthaus feldkirch.com können sie bestellt werden.

Darmstädter Dichterinnen

Darmstadt, die Stadt des Jugendstils, hat viele sehr
unterschiedliche Autorinnen hervorgebracht oder beherbergt. Eine von ihnen war Paula Ludwig, die die
letzten Jahre ihres Lebens hier verbracht hat. Ihr Grab
auf dem Waldfriedhof gehört seit 1975 zu den Ehren-
gräbern der Stadt.

Eine andere Autorin, die hier geboren wurde und
gewirkt hat, trägt einen großen Namen, bei dem die
meisten jedoch nur an ihren Bruder Georg denken.
Luise Büchner (1821 – 1877) schrieb Gedichte, Märchen und Erzählungen. Bekannt wurde sie vor allem
als Expertin für Mädchenbildung. In ihrem Buch »Die
Frauen und ihr Beruf: Ein Buch der weiblichen Er-

Montforthaus Feldkirch

ziehung« forderte sie eine umfassende Bildung und
Ausbildung von Mädchen bis zum 18. Lebensjahr. Seit
2012 vergibt die in Darmstadt ansässige Luise-Büch-
ner-Gesellschaft einen Preis für Publizistik, der nach
der Schriftstellerin benannt wurde.

Ilse Langner (1899–1987) lebte seit 1963 zwischen
ihren großen Reisen um die Welt in Darmstadt und
bezeichnete die Stadt als ihre »dritte Heimat«. Die
gebürtige Schlesierin schrieb 33 Dramen. Ihr erstes,
»Frau Emma kämpft im Hinterland«, war das erste
Antikriegsstück einer Frau. 1933 wurden alle ihre
Stücke von den Nationalsozialisten verboten. Langner
wurde vielfach ausgezeichnet. Seit 1997 ist der Ilse-
Langner-Platz im Paulusviertel nach ihr benannt.

Zahlreiche weitere Autorinnen sind in kurzen, aus-
sagekräftigen Biografien im Darmstädter Stadtlexikon
aufgeführt (www.darmstadt-stadtlexikon.de) Dort er-
fährt man auch, wo ihre Spuren in der Stadt zu finden
sind.

Die Gedichte
Paula Ludwig: »Dem dunklen Gott«, Verlag C.H.Beck
2015, vormals Langewiesche-Brandt, Ebenhausen bei
München 1986.

Das Traumbuch
Zwischen 1920 und 1960 hat Paula Ludwig ihre
Träume aufgezeichnet, märchenhaft und makaber,
beglückend und bedrohlich, immer aber poetisch
gestaltet.
    Paula Ludwig: »Träume«, Verlag C.H.Beck,
München 1962.

Die Autobiografie
Paula Ludwig: »Buch des Lebens«, Verlag C.H.Beck,
München 2010.

Die Biografie
Eine sehr detaillierte Biografie, angereichert durch
ausdrucksstarke Fotos, hat Heide Helwig geschrieben:
    Heide Helwig: »Ob niemand mich ruft« – Das
Leben der Paula Ludwig, Verlag C.H.Beck, München
2004.

Anmerkungen

1   Paula Ludwig: »Dem dunklen Gott«. © Verlag C.H.Beck 2015, vor-
    mals Langewiesche-Brandt. Ebenhausen bei München 1986, S. 11.
2   Paula Ludwig: »Buch des Lebens«, © Verlag C.H.Beck, München
    2010, S. 8.

Gertrude (links) und Lilli Recht

»Du rechnest – und erschrickst – zehn lange Jahre«

Lilli Recht,
geb. 17. oder 18. Februar 1900
in Hodolein, Mähren,
Sterbedatum und -ort
unbekannt

Viele Jahrzehnte lang waren Lilli Rechts Gedichte in Vergessenheit geraten. Erst vor wenigen Jahren wurden sie wiederentdeckt – eine kleine literarische Sensation! Bis dahin nämlich galt Mascha Kaléko als einzige Frau, die Gedichte im Stil der »Neue Sachlichkeit« geschrieben hat, die in den 1920er Jahren entstanden waren. In dieser Zeit der wirtschaftlichen und politischen

Wirren, brauchten die Menschen keine romantischen Höhenflüge sondern Orientierung im Alltag auch durch die Poesie. Mascha Kaléko ließ Liftboys und Ladenmädchen zu Wort kommen, Erich Kästner schrieb von der Beziehung, die nach acht Jahren sprachlos endet, Kurt Tucholsky schilderte den tristen Ehetrott – und Lilli Recht? Fand Worte für die Einsamkeit in der Zweisamkeit. »– Eine Hand fasst heiß nach deiner. / – Wird das immer sein? – / Neben uns sitzt irgendeiner – / Und man ist allein.«[1] Doch nicht nur die Unmöglichkeit der Liebe war Thema dieser Gedichte. Sie erzählen auch von Heimweh und Fernweh oder ganz banal vom Wetter und vom Leben in der Großstadt. Dass ihre Worte bis heute so lebendig wirken, liegt an diesen Themen, die immer aktuell bleiben, an der gekonnten Mischung aus Ironie und Melancholie und an der ungekünstelten Sprache.

Über das Leben der Dichterin Lilli Recht ist kaum etwas bekannt. Geboren und aufgewachsen ist sie in Hodolein, heute ein Teil der tschechischen Stadt Olmütz (Olomouc-Hodolany). Die Eltern waren wohlhabend, verloren jedoch durch Fehlspekulationen ihr Vermögen. Nach dem Tod des Vaters zog die Mutter mit den drei Kindern nach Prag. Dort arbeitete Lilli Recht bei der Stadtverwaltung und machte sich zunehmend als Autorin einen Namen. Ihre Gedichte und Kurzgeschichten wurden unter anderem im Prager Tagblatt veröffentlicht. 1936 gab sie ihren einzigen Gedichtband »Ziellose Wege« heraus. Als die Nationalsozialisten 1938 in Prag einmarschierten, war sie als Jüdin in Lebensgefahr. Sie floh nach Italien und war dort in verschiedenen Lagern interniert. Nach ihrer

Entlassung lebte sie in Neapel und Potenza. Darüber sind jedoch keine Details bekannt. Auch wie und wann sie starb, weiß man bisher nicht.

Lilli Recht hat weder Briefe noch Tagebücher hinterlassen und es gibt nur wenige zeitgenössische Erinnerungen an sie. Gescheit und extravagant soll sie gewesen sein, nicht schön, aber apart, der Typ, den man damals »Neue Frau« nannte. Reisen war ihre große Leidenschaft. Einmal, so wird erzählt, setzte sie sich von einer Reisegruppe ab und blieb spontan ein Jahr lang in Marokko mit so wenig Geld, dass sie sich hauptsächlich von Tomaten und Eiern ernähren musste. In ihren Kurzgeschichten schildert sie eine junge Globetrotterin, die ihr wohl ähnelte: abenteuerlich, sogar ein bisschen leichtsinnig und ständig pleite. Wer sie tatsächlich war? Nur in ihrem Gedicht »Mein Leben« gibt sie einen Hinweis, darauf, wie sie sich fühlte: »Mein Leben ist ein zartes Lied – / Das irgendwo am Straßenrand / Ein alter Bettler stumpf und müd' / Auf seinem Leierkasten dreht / Und dessen Melodie der Wind / In alle Welt verweht.«[2]

Stamm-Café

Tagtäglich gehst du vom Bureau in dein Café,
Liest Zeitung, rührst in deiner Tasse.
Der Sommer geht – und dann fällt wieder Schnee,
Und wieder jagt der Tauwind durch die Gasse.

Das wechselt schnell, du merkst es kaum,
Wenn sich die schweren Nebel senken,
Sitzt du im wohldurchwärmten Raum
und wirst vielleicht an einem Tage denken,

wie lang du im Lokal schon Stammgast bist –
Du rechnest – und erschrickst – zehn lange Jahre.
Und wenn du abends in den Spiegel siehst,
entdeckst du an den Schläfen graue Haare.[3]

Spuren-
suche

Spurensuche in Akten und Archiven

Lilli Recht wurde wiedergefunden, obwohl niemand nach ihr gesucht hat. Zufällig entdeckte der Journalist Uwe Czier bei einer anderen Recherche im Prager Tagblatt vom 22. November 1931 ihr Gedicht »Stamm-Café«. Er war fasziniert von der Qualität der Zeilen und verwundert darüber, dass er noch nie von dieser Dichterin gehört hatte. Uwe Czier ist ein Spurensucher aus Leidenschaft und hat schon andere Autorinnen aus der Vergessenheit geholt. So machte er sich auf die Suche nach Lilli Recht. Weil viele Gedichte der Stilrichtung »Neue Sachlichkeit«, deren Vertreterin sie war, zunächst in Zeitungen abgedruckt wurden, arbeitete er in sechs Monaten zehn Jahrgänge des Prager Tagblatts durch und fand 28 Gedichte und kurze Prosatexte. Hinweise auf die Dichterin gab es hier jedoch ebenso wenig wie in Autorenlexika und Literaturarchiven. Erst eine Anfrage bei Radio Prag führte Uwe Czier auf die entscheidende Spur: An der Palacký-Universität in Olomouc, dem früheren Olmütz, gibt es eine Arbeitsstelle für deutsch-mährische Literatur, wo Lilli Recht ein Begriff war. Eine kürzere Arbeit, die vor längerer Zeit angefertigt worden war, enthielt einige Lebensdaten sowie Aussagen von Menschen, die sie noch persönlich kannten, und einen Hinweis auf ihr einziges Buch »Ziellose Wege«. Uwe Czier fand heraus, dass es davon weltweit noch drei Exemplare gibt. Nur eins davon war für die Öffentlichkeit erreichbar, und das befand sich an der Universität von Cincinnati. Dorthin war es durch einen ausgewanderten Professor gekommen, der – sozusagen als Einstandsgeschenk – den kompletten Bestand eines Antiquariats mitgebracht hatte. Inzwischen hat Uwe Czier das Buch neu herausgegeben, ergänzt durch weitere Daten, Gedichte und Geschichten, die er in Archiven, Museen, Bibliotheken und Datenbanken zusammengetragen hat – ein Puzzle, bei dem noch immer wichtige Teile fehlen. Gibt es weitere unentdeckte Texte? Leben noch Menschen, die irgendeine Verbindung zu Lilli Recht hatten? Ist etwas herauszufinden über ihre letzten Jahre und ihren Tod? Uwe Czier hat eine E-Mail-Adresse für Hinweise zu Lilli Recht eingerichtet. Er begleitet außerdem die wissenschaftlichen Forschungen zu ihrem Werk bei der Arbeitsstelle für deutsch-mährische Literatur. Sie selbst kannte diesen Ort gut. In dem Gebäudekomplex, in dem sich der Lehrstuhl für Germanistik befindet, ging sie von 1914 bis 1916 zur Handelsschule.

E-Mail-Adresse
Lilli-Recht-Recherche@gmx.de

Universität
Palacký Universität, Křížkovského 511/8,
771 47 Olomouc, Tschechien

DER SONNTAG

·PRAGER TAGBLATT· DEN 22. NOVEMBER 1931.

Meine Muse

Abenteuer mit Giacomo

Das wissenschaftliche Verbrecher-Album

Bitte legen Sie doch Ihren Mantel ab . . .

Stamm-Café

Von Lilli Recht

Was viele nicht wissen . . .

Prager Tageblatt

**Marie von Ebner-Eschenbach –
eine deutschmährische Autorin**

Das einstige Mähren heißt heute Morava und ist ein Land mit sehr wechselvoller Geschichte. Es gehört zu Tschechien, hatte jedoch durch unterschiedliche Herrschaften einen Anteil deutschsprachiger Bevölkerung. Dazu gehörten auch mehrere Dichterinnen. Die berühmteste von ihnen war Marie von Ebner-Eschenbach (1830–1916). Ihre adlige Familie betrachtete die schriftstellerischen Ambitionen der jungen Komtess als unglückliche Kuriosität. Doch diese ließ sich in ihrem Leben und ihrem Werk nicht beirren. Sie beschritt immer wieder ungewöhnliche Wege. So erlernte sie das Uhrmacherhandwerk, was für Frauen sehr ungewöhnlich war, und wurde Ehrenmitglied der Wiener Uhrmachergilde. Sie war Mitglied im Verein zur Abwehr des Antisemitismus und stand der Frauenbewegung positiv gegenüber.

Heute gilt sie als eine der größten Autorinnen des 19. Jahrhunderts. Im Mittelpunkt ihrer Geschichten stehen häufig die Lebensgeschichten meist einfacher Menschen. Diese zu erzählen sah sie als ihre Aufgabe an, da ohne sie ihrer Meinung nach nichts Großes zustande kommen würde. Ihr bekanntestes Werk, die Tiergeschichte »Krambambuli«, wird bis heute immer wieder neu aufgelegt und wurde mehrfach verfilmt.

Die Arbeitsstelle für deutschmährische Literatur an der Palacký-Universität hat eine »Literarische Landkarte deutschmährischer Autoren« zusammengestellt, die ständig erweitert wird: limam.upol.cz.

Lesenswert

Lilli Recht: »Ziellose Wege«, Palacký-Universität, Olomouc 2020.
Das Bändchen kann zum Preis von 150 Kronen (etwa 6 Euro) über Frau Fialová-Fürst unter der E-Mail-Adresse ingeborg.fialova@centrum.cz bestellt werden.

Anmerkungen

1   Lilli Recht: »Ziellose Wege«, hg. von Uwe Czier, Palacký-Universität, Olomouc 2020, S. 17.
2   a.a.O., S. 30.
3   a.a.O., S. 45.

Margarete Steffin

»Sehe mich ganz schamlos zu dir gehen«

Margarete Steffin,
geb. 21. März 1908 in
Rummelsburg (heute Berlin),
gest. 4. Juni 1941 in Moskau

Sie kam von ganz unten. Margarete Steffin war ein
Proletarierkind im Berlin des frühen 20. Jahrhunderts. Alles, worüber sie später schrieb, hatte sie selbst
erlebt: die engen, feuchten Kellerwohnungen, den
täglichen Kampf gegen den Hunger, die betrunkenen
Väter, die lebensgefährlichen Abtreibungen. Nichts
war ihr erspart geblieben, auch nicht die Tuberku-

lose, die Krankheit der Armen, an der sie mit 33 Jahren starb.

Ihr Vater verbaute ihr den Weg in eine bessere Zukunft. Als sich Margaretes Lehrer dafür einsetzte, das hochbegabte Mädchen aufs Lyzeum zu schicken, sagte er Nein. Seine Tochter sollte sich nicht von der eigenen Klasse entfernen. Dass ihre frühen Texte schon in Zeitschriften veröffentlicht worden waren, dass ihr erstes Theaterstück an mehreren Schulen gespielt wurde, konnte ihn nicht umstimmen. Für Margarete Steffin war das die größte Enttäuschung ihres Lebens. Doch sie gab nicht auf, nutzte als Laufmädchen und später als Kontoristin jede Gelegenheit, um sich weiterzubilden. Sie war nicht nur als Autorin begabt, sondern stand auch erfolgreich auf der Bühne als Solosprecherin im damals berühmten Großberliner Sprechchor und als Laiendarstellerin der jungen Volksbühne. Durch diese Aufführungen lernte sie Bertolt Brecht kennen. Bald wurde sie seine Sekretärin und seine Geliebte – eine schicksalhafte Verbindung, von der sie profitierte und unter der sie litt. Brecht dachte gar nicht daran, sich ihretwegen von seiner Frau zu trennen oder auf andere Liebschaften zu verzichten Er erweiterte jedoch ihr literarisches Wissen und ermutigte sie zu schreiben. Allerdings ließ er ihr kaum Zeit dazu. Nur, wenn sie wegen ihres Lungenleidens im Krankenhaus oder im Sanatorium war, konnte sie eigene Erzählungen, Gedichte und Kindertheaterstücke verfassen. Ansonsten arbeitete sie für Brecht und das bedeutete, sie rieb sich für ihn auf: Recherche und Honorarverhandlungen, umfangreiche Korrespondenz und Lektorat. Sie war die einzige, die die Übersicht über Tausende von Manuskriptseiten behielt. 1933 folgte sie ihm ins Exil quer durch Europa. Innerhalb kürzester Zeit lernte sie die jeweiligen Landessprachen und war auch als Übersetzerin unentbehrlich. In all diesen Jahren arbeitete sie intensiv mit Brecht an seinen Manuskripten, sie korrigierte, veränderte stilistisch und sorgte durch ihre Kenntnisse der proletarischen Welt dafür, dass seine Dramen und Romane den richtigen Ton bekamen. In Moskau endete die gemeinsame Reise. Margarete Steffin war zu schwach, um mit nach Amerika zu kommen und starb kurz nach der Abreise der Brecht-Familie.

Erst fünfzig Jahre nach ihrem Tod wurden ihre eigenen Werke entdeckt. Zu ihren Lebzeiten war fast nichts davon veröffentlicht worden. Das lag auch daran, dass sie fürchtete, die Leute würden sagen, sie hätte es nicht selbst gemacht. Wie groß ihr Anteil an Brechts Arbeiten ist, wird sich wohl nie genau feststellen lassen.

Aus dem Werk

Stell dir vor: es kommen alle Frauen
Die du einmal hattest, an dein Bett.
Ach, die wenigsten sind jetzt noch nett.
Keine, denkst du, ist mehr anzuschauen.

Aber alle stehen streng und schweigend.
Eine jede will von dir heut nacht
Ihren Spaß. Und wenn du ihr's gemacht
Tritt sie seitwärts, auf die nächste zeigend.

Gierig langen sie dich an. Verloren
Bist du. Die du einst zum Spaß erkoren
Treiben mit dir bösen Spaß.

Selbst seh ich mich in der Reihe stehen
Sehe mich ganz schamlos zu dir gehen.
Und du liegst armselig, krank und blaß.[1]

Spuren-
suche

Spurensuche in Berlin

Es ist nicht leicht, im heutigen Berlin Spuren von Margarete Steffin zu finden. Das liegt vor allem daran, dass vieles im Krieg zerstört wurde, so dass nur noch die Erinnerung daran erhalten ist. Doch es gibt einige Orte, die nach ihr benannt wurden, und die auf wichtige Stationen ihres Lebens hinweisen.

An ihrem Geburtshaus in der Geusenstraße 12, die damals Mozartstraße hieß, ist eine Gedenktafel angebracht, auf der neben ihren Lebensdaten auch ein ernstes Profilfoto zu sehen ist. Der Stadtteil Rummelsburg gehört zum Bezirk Berlin-Lichtenberg. Gleich gegenüber dem Geburtshaus befindet sich das Museum Lichtenberg im Stadthaus, dessen Dauerausstellung davon erzählt, wie Lichtenberg zu seinem heutigen Charakter fand (Türrschmidtstraße 24).

In Berlin–Mitte gibt es seit 2001 eine Margarete-Steffin-Straße. Im Vorwort des Buches »Ich wohne fast so hoch wie er« beschreibt die Autorin Sabine Kebir die Nähe zu vielen Orten, die mit Steffin in Verbindung stehen oder standen: das Brecht-Viertel mit dem Schiffbauerdammtheater etwa oder der Dorotheenstädtische Friedhof (Chausseestraße 126, 10115 Berlin), wo Bertolt Brecht und seine Frau Helene Weigel begraben sind.

Die Theater, in denen Margarete Steffin selbst aufgetreten ist, waren ebenfalls am Schiffbauerdamm zu finden: der alte Friedrichstadtpalast, zu Steffins Zeiten Max Reinhardts Großes Schauspielhaus. Hier trat sie als Solorezitatorin des Großberliner Sprechchors auf, gefeiert von einem großen Publikum. Ein Opfer der Bomben wurde das Komödienhaus. Auf dessen Bühne spielte Margarete Steffin das Dienstmädchen im Brecht-Stück »Die Mutter«.

Besonders symbolträchtig ist eine weitere Namensgebung. 2011 wurde die Volkshochschule Lichtenberg nach Margarete Steffin benannt. Festredner Jürgen Hofmann betonte bei der Einweihungsfeier, dass die Wahl dieser Namenspatronin ganz naheliegend sei, stehe doch ihr Lebensweg beispielhaft für das selbstbewusste Streben nach Bildung, deren Vermittlung Kernaufgabe der Volkshochschulen sei. In der Biografie »Grüß den Brecht« erzählt Steffins Freundin Hertha Reinicke davon, dass die beiden wissbegierigen Mädchen zu »allen möglichen« Vorträgen in die Volkshochschule gegangen seien. Da es die Volkshochschule Lichtenberg in der Paul-Julius-Straße 7 schon vor hundert Jahren gab, ist es nicht ausgeschlossen, dass Margarete Steffin hier ihren Bildungshunger gestillt hat.

VHS Lichtenberg

**Hinter-
grund**

Lyrische Liebe, lyrischer Abschied

Margarete Steffin war nach Aussage des Komponisten Hanns Eisler Bertolt Brechts wichtigste Mitarbeiterin. Auch er selbst wusste, dass sie für viele seiner Arbeiten unverzichtbar war. Das ging so weit, dass er nach ihrem Tod mehr als ein Jahr lang völlig blockiert war. Er hatte Schwierigkeiten, sich in Amerika einzuleben und fühlte sich, wie er sagte, als habe man ihm beim Eintritt in die Wüste den Führer weggenommen.

Während ihrer Liebes- und Arbeitsbeziehung hatten sie miteinander immer wieder in Sonetten kommuniziert. Brecht hatte Margarete Steffin in diese Stilform eingeführt. Sie beherrschte sie bald so gut, dass die Qualität ihrer Gedichte den seinen nicht nachstand. Das hatte zur Folge, dass einige davon Brecht zugeschrieben und in seine Werke mit aufgenommen wurden.

Auch den Abschied von Margarete Steffin gestaltete Bertolt Brecht in mehreren Trauergedichten. In einem davon heißt es:

»Seit du gestorben bist, kleine Lehrerin
Gehe ich blicklos herum, ruhelos
In einer grauen Welt staunend
Ohne Beschäftigung wie ein Entlassener.«[2]

Nachgelassene Texte

Das Buch enthält viele der vollständigen Texte aus
dem Nachlass von Margarete Steffin. In einem infor-
mativen Nachwort geht Simone Barck auch auf die
Entstehung der Texte unter den schwierigen Bedingungen von Krankheit und Exil ein.

Margarete Steffin: »Konfutse versteht nichts von
Frauen. Nachgelassene Texte«, hg. von Inge Gellert,
Rowohlt Verlag, Berlin 1991.

Die Biografie

Die lebhafte und detailreiche Biografie verfügt über
einen besonderen Schatz. Sie enthält zahlreiche Zi-
tate von Menschen, die Margarete Steffin persönlich
gekannt haben und mit denen der Autor noch sprechen konnte.

Hartmut Reiber: »Grüß den Brecht. Das Leben der
Margarete Steffin«, Eulenspiegel Verlag, Berlin 2008.

Der Tagungsband

Zum hundertsten Geburtstag von Margarete Steffin
fand im Literaturforum im Berliner Brecht-Haus
2008 eine internationale Tagung statt. Im Tagungsband werden viele auch weniger bekannte Details aus
ihrem Leben und ihrer Arbeit festgehalten wie zum
Beispiel ihre umfangreiche Tätigkeit als Übersetzerin.

»Ich wohne fast so hoch wie er. Margarete Steffin und Bertolt Brecht«, Internationale Tagung aus Anlass des 100. Geburtstages Margarete Steffins, hg. von Sabine Kebir, Theater der Zeit, Berlin 2008.

Anmerkungen

1   Margarete Steffin: »Konfutse versteht nichts von Frauen«, hg. von Inge Gellert, Rowohlt Verlag, Berlin 1991, S. 199.
2   Zitiert nach Hartmut Reiber: »Grüß den Brecht. Das Leben der Margarete Steffin«, Eulenspiegel Verlag, Berlin 2008, S. 339.

Susanne Kerckhoff

»Wir leiden darunter, dass wir nicht illegal gekämpft haben«

Susanne Kerckhoff,
geborene Harich,
geb. 5. Februar 1918 in Berlin,
gest. 15. März 1950 in Berlin

In einer verworrenen Zeit, als Deutschland sich nach Krieg und Diktatur im Umbruch befand, war Susanne Kerckhoff eine unbestechliche Beobachterin. In ihrem Briefroman »Berliner Briefe« analysiert sie sprachlich brillant die politische und gesellschaftliche Situation im Jahr 1948. Ihr Blick ist dunkel: Schuldgefühl und Sühnebereitschaft in der Bevölkerung? Fehlanzeige.

Politischer Neuanfang? Wenig hoffnungsvoll. Im Westen des Landes sieht sie zu viel Bereitschaft, die Vergangenheit unter den Teppich zu kehren. Im Osten beklagt sie die völlige Orientierung an der Sowjetunion und die Einschränkungen der Freiheit. Auch sich selbst gibt Susanne Kerckhoff eine Schuld am Zustand ihres Landes:»Wer im Frühling 1945 nicht aus dem Gefängnis oder dem Konzentrationslager kam, ist mitverantwortlich.«[1] Aus dieser Erkenntnis heraus wollte sie sich mit ganzer Kraft für eine neue Gesellschaft einsetzten. Sie ließ sich von ihrem Mann – auch wegen politischer Differenzen – scheiden, verließ den Westen Deutschlands, zog in den sowjetischen Sektor Berlins und trat trotz mancher Bedenken der SED bei. Aber ihr absoluter Anspruch und ihre radikale Wahrheitssuche führten schließlich zu ihrem Scheitern. Als sie Kritik an einem kommunistischen Schriftsteller übte, wurde sie kaltgestellt: Rügen von der Partei, heftige Angriffe, wenn sie auf Veranstaltungen redete, immer weniger Befugnisse als Feuilletonchefin der »Berliner Zeitung«.

Seit ihrer Kindheit war Susanne Kerckhoff mit dem Erfolg auf Du und Du. Alles, was sie anfing, gelang ihr. In ihrem Elternhaus im vornehmen Berlin-Halensee verkehrte die künstlerische Prominenz der Zeit. Erich Kästner schätzte ihre frühen Gedichte. Mit 19 Jahren erhielt sie den ersten Lyrik-Preis, ihr Debüt-Roman »Tochter aus gutem Hause« wurde 1940 von der Ufa verfilmt. Da war Susanne Kerckhoff bereits verheiratet und Mutter. Während des Krieges produzierte sie politisch harmlose Unterhaltungsromane. Sie nahm nicht für sich in Anspruch, in die innere Emigration

gegangen zu sein. Doch versteckte sie jüdische Menschen, half ihnen bei der Flucht und riskierte dadurch
ihr Leben. In diesen Jahren fasste sie den Entschluss,
nie mehr zu schweigen. »Wir leiden darunter, dass
wir nicht das Wort gefunden haben, dass wir nicht il-
legal gekämpft haben,«[2] sagte sie 1947 unter großem
Beifall als Rednerin auf dem Schriftstellerkongress.
Wieder war sie erfolgreich, wurde gefeiert als vielseitige Schriftstellerin, einflussreiche Journalistin, rede-
gewandte Referentin. Doch der Preis, den Susanne
Kerckhoff zahlte, war hoch. Sie litt unter der Trennung
von ihren drei Kindern, die dem Vater zugesprochen
worden waren.

Ihre Gedichte, kunstvoll schlicht und ergreifend
tief, erzählen davon. In ihnen ist eine Einsamkeit zu
spüren, in der schon das Ende anklingt. Das politische
Scheitern und eine verlorene Liebe nahmen ihr endgültig den Lebensmut. Sie war erst 32 Jahre alt, als sie in
den Tod ging. Jahrzehntelang wurde sie verschwiegen,
dann vergessen – ein typisches Beispiel für die Unterdrückung unerwünschter Meinungen in der DDR. Vor
einigen Jahren wurde sie durch die engagierte Publi-
zistin Ines Geipel wiederentdeckt.

Volkslied

War es im Walde,
waren die Wege verschneit,
gingen die Kinder,
gingen im Walde zu weit.

Über die Heide
sangen sie, lachten sie gern,
hörten vom Berge
Stimmchen wie Silber so fern.

Schön sind die Tannen,
duftig das funkelnde Eis.
Furcht auf den Wangen
glüht wie ein Öfchen so heiß.

Daß ich dich liebe –
bin wie die Kinder im Wald.
Sie sind erfroren.
Folg Ihnen bald.[3]

Langer See bei Karolinenhof

Spuren-suche

Spurensuche am See

Ein kleines Haus am Langen See. Eine stille Straße in einer verträumten Siedlung weit entfernt vom Zentrum der brodelnden Großstadt. Karolinenhof, Idylle im Südosten Berlins. »Das Haus am Rand / der jugendlauten Stadt«, so hat Susanne Kerckhoff es in ihrem Gedicht »Heimwehtraum« genannt, ein Ort, an dem sie eine Zeitlang glücklich war, an den sie sich später einsam zurückzog, an dem sie schließlich durch eigene Hand starb.

Karolinenhof wurde 1785 als Bauernhof gegründet und rund hundert Jahre später zu einer Villenkolonie ausgebaut. 1939 zog Susanne Kerckhoff mit Ehemann und zwei Kindern hierher. Unter dem Dach wohnten die Kinder. Im Keller versteckten die Eltern mehrmals jüdische Freunde und versorgten sie mit Essen und

Papieren. Die Nachbarn wussten nichts oder hielten dicht.

Noch immer ist Karolinenhof ein Ort abseits des Trubels, beliebte Erholungsstätte für die Berlinerinnen und Berliner. Viele der alten Häuser stehen noch, so etwa die denkmalgeschützten Villen an der Schappachstraße.

Auch in der Rohrwallallee, in der Susanne Kerckhoff im Haus Nr. 73 wohnte, ist vieles unverändert – die kleinen Häuser, die Vorgärten, die Bäume sind noch da.

Eine Spur der Dichterin ist nicht zu finden. Bei den berühmten Persönlichkeiten, die hier eine Weile gewohnt haben, und mit denen sich der Ort schmückt, fehlt ihr Name. Doch Susanne Kerckhoff hat dieser Gegend in ihren Gedichten ein Denkmal gesetzt. Viele davon sind in Karolinenhof entstanden. Die märkische Landschaft hat sie in eigene Bilder gefasst. Vom Wind in den Kiefern schreibt sie, vom Winter auf dem See, in dem sich schon der »Vorfrühling« zeigt: »Satt vom winterlichen Tod getrunken / Blatt zerfallen, letztes Eis versunken«. Hoffnungsvoll ist dieses Lied nicht. In den letzten Zeilen zerstört Susanne Kerckhoff die Illusion: »Alle Dinge können nicht erwachen, / jener Strauch erfror und dieses Lachen.«

**Hinter-
grund**

Unterdrückte Literatur

Die Wiederentdeckung Susanne Kerckhoffs ist vor allem einer engagierten Frau zu verdanken: Ines Geipel.
Die Schriftstellerin und Hochschullehrerin begann in
den 1990er Jahren damit, Autorinnen aufzufinden und
vorzustellen, deren Werke in der DDR unerwünscht
waren. Dazu gehörten auch Inge Müller und Edeltraud
Eckert (s. S. 224–231 und 244–253).

In mehreren Büchern stellte sie diese Frauen und
ihre Texte vor und bewahrte sie so vor dem Vergessen.

Gemeinsam mit dem Schriftsteller Joachim Walther baute sie ein »Archiv unterdrückter Literatur in
der DDR« auf, in dem 40.000 Manuskriptseiten – ehe-
maliges Beweismaterial der Stasi – und zahlreiche Vor-
und Nachlässe von rund 100 Autorinnen und Autoren
gesammelt sind.

Literatur

Ines Geipel: »Die Welt ist eine Schachtel. Vier Autorinnen in der frühen DDR: Susanne Kerckhoff, Eve-
line Kuffel, Jutta Petzold, Hannelore Becker«, Transit
Verlag, Berlin 1999.

Ines Geipel: »Zensiert, verschwiegen, vergessen.
Autorinnen in Ostdeutschland 1945 – 1989«,
Artemis & Winkler, Düsseldorf 2009.

Ines Geipel, Joachim Walther: »Gesperrte Ablage.
Unterdrückte Literaturgeschichte in Ostdeutschland
1945–1989«, Lilienfeld Verlag, Düsseldorf 2015.

Die verschwiegene Bibliothek

Seit 2005 haben Ines Geipel und Joachim Walther Texte aus dem Archiv unterdrückter Literatur in der Edition »Die Verschwiegene Bibliothek« bei der Büchergilde Gutenberg herausgegeben, darunter auch die Gedichte von Edeltraud Eckert (s. S. 248).
Ursprünglich waren zwanzig Titel geplant, doch wurde die Reihe bereits nach zehn Bänden beendet.

Lesenswert

Einige Bücher Susanne Kerckhoffs sind neu aufgelegt worden:

Susanne Kerckhoff: »Berliner Briefe«, hg. und mit einem Nachwort von Peter Graf, Verlag Das kulturelle Gedächtnis, Berlin 2020.

Susanne Kerckhoff: »Die verlorenen Stürme«, Roman, hg. und mit einem Nachwort von Peter Graf, Verlag Das kulturelle Gedächtnis, Berlin 2021.

Weitere Veröffentlichungen sind geplant.

Biografische Analyse

Eine präzise Verknüpfung von biografischen Fakten und politischer Analyse hat Monika Melchert geschrieben.

Monika Melchert: »Und sehn dem Morgen brennend ins Gesicht. Susanne Kerckhoff in ihrer Lyrik und Prosa«, in: »Brüche und Umbrüche, Frauen, Literatur und soziale Bewegungen«, hg. von Margrid Bircken u. a., Universitätsverlag Potsdam 2010, S. 379–402.

Hörenswert

Der Komponist Tilo Medek hat zwei von Susanne Kerckhoffs Gedichten vertont: »Am Wege dir« und »Über die Felder«. Kopien der Noten können gegen Bezahlung bestellt werden bei
Edition Tilo Medek, Rheinhöhe,
Westerwaldweg 22, 53424 Remagen–Oberwinter, Telefon: 02228 – 8175, E-Mail: bestellung@medek.net

Anmerkungen

1   Susanne Kerckhoff: »Berliner Briefe«, hg. und mit einem Nachwort von Peter Graf, Verlag Das kulturelle Gedächtnis, Berlin 2020, S. 23.

2   Zitiert nach Ines Geipel: »Zensiert, verschwiegen, vergessen. Autorinnen in Ostdeutschland 1945 – 1989«, Artemis & Winkler, Düsseldorf 2009, S. 30.

3   Susanne Kerckhoff: »Vor Liebe brennen«, Lyrik und Prosa, hg. von Monika Melchert, trafo Verlag, Berlin 2003, S. 24.

Selma Merbaum

»Diese Nächte, die zum Überströmen voll sind mit Sehnsucht«

Selma Merbaum,
geb. 5. Februar 1924
in Czernowitz,
gest. 16. Dezember 1942
im Zwangsarbeitslager
Michailowka, Transnistrien

Keines ihrer 58 Gedichte wurde zu ihren Lebzeiten gedruckt. Nur wenige wussten überhaupt von diesen Arbeiten. Selma Merbaum war 18 Jahre alt, als sie starb, eine junge Frau, die gerade erst begonnen hatte, ihren Weg zu gehen. Geboren wurde sie in Czernowitz, damals eine rumänische Stadt mit hohem jüdischen Bevölkerungsanteil, in der die Kultur und die Sprache aus

Habsburger Zeiten hochgehalten wurden. Die Mutter betrieb einen Kramladen, der Vater, ein Schuhhändler, starb neun Monate nach ihrer Geburt. Obwohl die Familie nicht begütert war, bekam Selma eine gute Schulbildung und viele kulturelle Anregungen. Sie besuchte das jüdische Mädchenlyzeum, liebte Musik und las leidenschaftlich gern, Heinrich Heine, Rainer Maria Rilke und Klabund gehörten zu ihren Lieblingsautoren. Eine Kindheit und Jugend wie manche andere in dieser Zeit, mit besten Freundinnen und einer ersten unerwiderten Liebe zu Leiser Fichmann, einem jungen Mann aus ihrer zionistischen Jugendgruppe. Auch dass Selma mit 15 Jahren begann, Gedichte zu schreiben, ist nicht ungewöhnlich. Doch waren ihre Gedichte keine dilettantischen Versuche. Stilsicher und wortgewandt fand sie von Anfang an ihren eigenen Ton, beschrieb Natur und Stimmungen zart und tief und kraftvoll. Man spürt den Aufbruch ins Leben und zugleich die Trauer angesichts der dramatischen politischen Entwicklung.

In Rumänien, das mit Deutschland verbündet war, wurde die jüdische Bevölkerung nach Transnistrien deportiert. Auch Selma wurde am 28. Juni 1942 abgeholt. Es gelang ihr jedoch unterwegs, das Album mit ihren Gedichten einem Bekannten zuzustecken. Leiser Fichmann sollte es bekommen und bekam es. Er brachte die »Blütenlese«, wie Selma Merbaum ihre handgeschriebene Sammlung genannt hatte, vor seiner Flucht nach Palästina zu ihrer Freundin Else. Er wolle nicht, dass die Gedichte verloren gehen, wenn er es nicht schaffte, sagte er zum Abschied. Leiser schaffte es tatsächlich nicht. Er starb, als das Flücht-

lingsschiff torpediert wurde. Doch die Gedichte kamen nach Israel, mitgenommen von Selmas Freundin Renée, gerettet auf abenteuerlichen Wegen. Dort
lagerten sie jahrelang in einem Banksafe, bis Selmas
früherer Klassenlehrer sie 1976 als Privatdruck her-
ausgab. Eines dieser 400 Exemplare gelangte in die
Hände der Dichterin Hilde Domin. Die war davon so
begeistert, dass sie den Journalisten Jürgen Serke an-
regte, darüber zu schreiben. Selma Merbaums Lyrik
hatte Hass und Brutalität überdauert.

Da war sie selbst schon fast 40 Jahre tot, gestorben
an Fleckfieber und Erschöpfung in einem Arbeitslager der Nationalsozialisten. Von ihren letzten Stunden
haben Überlebende berichtet. Am Nachmittag habe
sie begonnen zu singen. Leiser und leiser wurde ihre
Stimme, bis sie am Abend für immer verstummte.

Trauer

Lichter spiegeln sich in schmutzig-nassen Pfützen,
gelb und fettig, schmutzig auch und schwer.
Helle Häuserfenster können gar nichts nützen.
Tore hallen hehr und leer.

Liegt der Nebel müde auf den Straßen
und der Regen rinnt und rinnt.
Menschen sind zu traurig, um sich noch zu hassen,
und es hüstelt irgendwo ein Kind.

In den Gärten liegen halbverfaulte Blätter,
stehen Bänke, traurig, nass und grau,
kommt die Sonne immer seltener und später,
nimmt's der Mond mit Scheinen nicht genau.

Dringt das halbe Tageslicht noch durch den Nebel,
trüb und grau und klebrig schwer.
Klirrt die Wache schläfrig mit dem Säbel
und ein nasser Vogel zittert sehr.

Stehen dürre, hungerige Pferde
dampfend da, mit müden Augen.
Ganz durchweicht, verstreut auf nasser Erde,
kann der Hafer nicht mehr taugen.

An der moderigen Mauer
eine nasse Katze schleicht.
Mit hervorgekehrtem Pelz ein Bauer
schaut, ob ihm das Geld noch reicht.[1]

Theaterplatz, Czernowitz

Spuren-
suche

Spurensuche in einer versunkenen Welt

Es war einmal eine Stadt, da blühte die Dichtkunst aus
allen Mauerritzen. Mehr Buchhandlungen gab es als
Bäckereien, schrieb der Publizist Georg Heinzen und
selbst die Hühner hätten Hölderlin-Verse in den Boden gekratzt.

Czernowitz, eingebettet in das Buchenland, die Bukowina, eine Stadt, in der viele Völker, viele Sprachen,
viele Kulturen zu Hause waren, auch als sie nach dem
Ersten Weltkrieg nicht mehr zur österreichisch-unga-
rischen Monarchie, sondern zu Rumänien gehörte.
Mehr als ein Drittel der Bevölkerung war jüdisch. So ist

es nicht verwunderlich, dass viele ihrer bedeutenden Dichterinnen und Dichter jüdische Wurzeln haben

Die Lyrikerin Rose Ausländer wurde hier geboren. Sie hat der Stadt ein Denkmal gesetzt in ihrem Buch »Die Nacht hat zahllose Augen«: »Märchen und Mythen lagen in der Luft«, erzählt sie, »man atmete sie ein.«

Auch Paul Celan stammt von hier, der Dichter, dessen »Todesfuge« zu den großen Gedichten der Weltliteratur gehört. Er nannte seine Heimat eine Gegend, in der Menschen und Bücher lebten. Und schließlich Selma Merbaum, seine Cousine 2. Grades, die jüngste in einer glänzenden Gesellschaft. Auch sie hat Czernowitz in ihrem Gedicht »Spaziergang« beschrieben: »Ganz fern die Stadt mit ihren vielen Türmen, / mit Häusern, welche licht und froh hinstürmen, / ist wie ein altes Bild aus einem Märchen.«[2]

An Selma Meerbaum-Eisinger – unter diesem Namen war sie zunächst bekannt – erinnert eine Gedenktafel, angebracht an ihrem früheren Wohnhaus in der Tschernischewskoho-Straße 38. Darauf zu lesen ist ihr trauriges Zitat: »Ich habe keine Zeit gehabt zu ende zu schreiben.«

Nur noch wenige Spuren der großen literarischen Vergangenheit sind in der Stadt, die jetzt zur Ukraine gehört, zu finden. Das Museum für jüdische Geschichte und Kultur der Bukowina (muzejew.org. ua) bewahrt die Erinnerung an die ausgelöschte und vertriebene Bevölkerung ebenso wie der Jüdische Friedhof an der Zelenastraße (vul. Zelena), einer der größten in Europa. Dort liegt Selma Merbaums Vater begraben. Die besondere Stimmung, die über der Stadt lag, ist verflogen. »Eine versunkene Stadt. Eine versun-

Jüdischer Friedhof, Czernowitz

kene Welt«, schrieb Rose Ausländer. Erst vor einigen
Jahren besann sich Czernowitz auf das literarische
Erbe: Mit dem Poesiefestival »Meridian Czernowitz«
knüpfte die Stadt daran an. Wie es damit weitergeht,
ist jedoch ebenso ungewiss wie die Zukunft der gan-
zen Stadt. Während dieses Buch entstand, wurde die
Ukraine überfallen und mit einem Krieg überzogen.
Schon jetzt ist abzusehen, dass vieles unwiederbring-
lich zerstört wird. Doch in den Werken ihrer großen
Dichterinnen und Dichter wird der alte Zauber der
Region weiter fortleben, in den saftigen satirischen
»Maghrebinischen Geschichten« etwa von Gregor
Rezzori, der auch hier geboren wurde. Und in Zeilen
wie denen in Selma Merbaums »Spaziergang«, die ein

Olga-Kobylanska-Straße, Czernowitz

lebendiges Bild malen: »... so viele Hühner und ein kleiner weißer Hund / und Himmel, der so farbenfroh und bunt- / der kahle Baum wirkt so gespensterhaft / und graue Häuser, wie ganz ohne Kraft .../ Ganz kleine Regenperlen hängen an den Zweigen / und ferne Berge sind getaucht in großes Schweigen.«

Hinter-
grund

Der letzte Brief

Im Lager Michailowka schrieb Selma Merbaum ihren letzten Brief, der an ihre Freundin Renée gerichtet war. Sie beschwor Erinnerungen herauf, erschrak, weil sie vieles nur noch wie ein »flüchtiges Vorbeistreifen an einem Gesicht« empfand und verzweifelte beim Gedanken an die Zukunft: »Es ist mir, als ob alle meine künftigen Tage in eine feste Masse zusammenfrieren u. sich für immer schwer auf meine Brust legen wollten.« Immer wieder klingt in diesem Brief eine herzzerreißende Klage über den Verlust der Heimat auf: »Ich bin noch nicht einmal 3 Monate hier u. es kommt mir schon vor dass ich wahnsinnig werden muß. Besonders in diesen unsagbar hellen u. weißen Nächten, die zum Überströmen voll sind mit Sehnsucht.« Ausführlich zitiert sie das Gedicht »Heimweh«, in dem sie ihre Gefühle widergespiegelt findet. »Und das Herz vergeht vor Heimweh ... Heimweh ... Heimweh ...«.[3]

Der Sänger Richard Tauber, der ebenfalls von den Nazis verfolgt wurde und fliehen musste, singt das vertonte Gedicht so, dass man die Gefühle noch heute erahnen kann.[4]

Der Brief gelangte durch eine Botin zu Renée. Sie bewahrte ihn sorgfältig auf und rettete ihn über Krieg und Flucht hinweg.

Gründlich und anschaulich

Die Autorin Marion Tauschwitz hat in jahrelanger
Arbeit eine Fülle von Fakten für ihre Biografie zusammengetragen. Spannend und einfühlsam berichtet
sie über die junge Dichterin, ihre Familie und ihr
Lebensumfeld und stellt die historischen Ereignisse
dar. Das Buch enthält alle Gedichte, die nach den
Originalhandschriften neu übertragen wurden. Das
Vorwort schrieb die Schauspielerin Iris Berben, die
sich der Lyrik Selma Merbaums sehr verbunden fühlt
und die Gedichte häufig rezitiert.

Marion Tauschwitz: »Selma Merbaum. Ich habe
keine Zeit gehabt zuende zu schreiben«. Biografie
und Gedichte. Mit einem Vorwort von Iris Berben, zu
Klampen Verlag, Springe 2014.

Das besondere Buch

»Welch ein Wort in die Kälte gerufen« heißt eine DDR-
Anthologie über die Judenverfolgung des Dritten
Reiches in deutschen Gedichten. Ein Vierteljahrhundert nach Selma Merbaums Tod wurde darin zum
ersten Mal eines ihrer Gedichte – »Poem« – gedruckt.
Der Herausgeber Heinz Seydel hatte es in Bukarest
zusammen mit einem weiteren von Alfred Kittner
bekommen, zwei bleistiftbeschriebene Blätter, die der
ebenfalls aus Czernowitz stammende Schriftsteller
gerettet hatte. Dieses Buch geriet in die Hände von
Selma Merbaums ehemaligem Klassenlehrer und ver-
anlasste ihn zu weiteren Nachforschungen.

»Welch ein Wort in die Kälte gerufen«, hg. von
Heinz Seydel, Verlag der Nationen, Berlin 1968.

Hörenswert

Selma Merbaums Gedichte klingen wie gesprochene
Musik. Das hat Musiker und Musikerinnen immer
wieder zu Vertonungen angeregt. Eines der schönsten
Beispiele ist das Lied »Trauer« von Herbert Gröne-
meyer, veröffentlicht auf dem Album »The World
Quintet feat. The London Mozart Players and Herbert
Grönemeyer«.

Anmerkungen

1   Selma Merbaum: »Trauer« in: Marion Tauschwitz: »Selma
    Merbaum. Ich habe keine Zeit gehabt zuende zu schreiben.
    Biografie und Gedichte«. Mit einem Vorwort von Iris Berben, zu
    Klampen Verlag, Springe 2014, S. 251.
2   Zitiert nach Tauschwitz, a.a.O., S. 240.
3   a.a.O., S. 199 ff.
4   Nachzuhören unter www.volksliederarchiv.de/schlager/heimweh/

Caroline Muhr

»Der Mut, mit dem wir unsere ersten Lieder sangen«

Caroline Muhr,
Pseudonym für Charlotte Puhl,
geborene Klemp,
geb. 20. Mai 1925 in Essen,
gest. 13. Januar 1978 in Bonn-
Bad Godesberg

Vor sechzig Jahren, als Depressionen höchstens hinter vorgehaltener Hand betuschelt wurden, wagte sich Caroline Muhr mit einem autobiografischen Tagebuchroman über ihre Krankheit an die Öffentlichkeit. Ihr Buch ist jedoch keine Enthüllungsgeschichte, sondern eine literarische Perle – geistreich, reflektierend, quälend und immer wieder so humorvoll, dass durch diesen scheinbaren Widerspruch die Düsternis der Krankheit und die Wirkungslosigkeit der Behandlung noch stärker hervortreten. Schonungslos schildert sie die verständnislosen, herablassenden, sogar barschen Anweisungen der Ärzte und die nutzlosen Heilungsversuche, denen sie ausgeliefert ist: Magenspülungen, Traubenzuckerinjektionen, Wahrheitsdrogen, um einen vermuteten Schuldkomplex ans Licht zu bringen, und Tiefschlafkuren, die ihren Zustand eher verschlechtern. Treffsicher skizziert Caroline Muhr andere Menschen – Kranke und Pflegende – und erzählt von skurrilen Begegnungen, unerwarteten Situationen, Panikattacken. Immer wieder findet sie Worte für ihre Gefühle auf dem dunklen Weg. »Wie aber vor allen Dingen kommt man raus aus einer Psychose?«, fragt sie sich, »Wie endet sie gewöhnlich? Im Selbstmord? In der Irrenanstalt? Wie entsteht sie? Aus Kindheits- und Pubertätsneurosen?«[1] In ihrer eigenen Kindheit konnte sie keine Ursachen entdecken: intakte Familie, gutsituierter Mittelstand, Freundschaften und ungewöhnliche Freiheiten für ein Mädchen der damaligen Zeit. Später Abitur, Studium der Philosophie, Promotion, spannende erste Berufserfahrungen im In- und Ausland. Eine bürgerliche Biografie, wenn auch gebrochen durch traumatische Erlebnisse im Krieg.

Trotz aller Behandlungen überstand Caroline Muhr ihre Depression. Der Bericht über ihre Krankheit war der Beginn einer Karriere als Schriftstellerin. Der Roman wurde hochgelobt und verfilmt, zwei weitere folgten, dazu Hörspiele und Lyrik. Der Künstlername, den die Autorin annahm, wurde zum Sinnbild dieses neuen Lebens, sie legte ihn auch privat nicht ab.

Inzwischen wohnte sie mit ihrem Ehemann in Bonn und machte ganz andere bereichernde Erfahrungen. Sie engagierte sich in der zweiten Frauenbewegung, schrieb feministische Lieder, locker und pointiert, fand Freundinnen und gründete mit ihnen die »Bonner Blaustrümpfe«, eine achtköpfige Songgruppe, die für Furore sorgte. Doch nach wenigen Jahren holte die Krankheit sie ein und dieses Mal fand sie keinen Weg mehr hinaus. Nach Monaten der Qual wählte Caroline Muhr den Tod. Schon bald darauf verlor sich ihre Spur. Ihr Ehemann wechselte den Wohnort, seine bis dahin gute Verbindung zu den Freundinnen brach ab. Wo sich Caroline Muhrs Nachlass befindet, wer die Rechte an ihrem Werk hat, ist unbekannt.

Sanatorium H. März 1964

Das Magenauspumpen hat fast zwei Stunden gedauert. Ich saß auf einem Schemel, den Gummischlauch im Rachen, am Sprechen gehindert, was die Laborantin, Fräulein Heinse, veranlaßte, von allerlei Magenkrankheiten zu erzählen: von Gastritis, akut und chronisch, von Magen- und Zwölffingerdarmgeschwüren und deren Durchbrüche in die Bauchhöhle oder sonst wohin und von Magenkrebs. Sie verstand es, sehr anschaulich davon zu erzählen, und zwischendurch stellte sie durch Prüfung der zahlreichen, sich langsam füllenden Reagenzgläser fest, dass sich fast überhaupt keine Magensäure in meinem ausgepumpten Magensaft befand. Erst kurz bevor der Magen leer war, zeigte sich eine schwache rötliche Färbung im letzten Reagenzglas. Fräulein Heinse betrachtete mich wie einen Todeskandidaten.

Drei Stunden später erklärte mir Dr. Müller beiläufig, daß dies wohl die Ursache meiner Appetitlosigkeit sei. »Sie sind nicht organisch krank. Sie haben eine endogene Psychose«, sagte er mit einer gewissen Befriedigung. »Und was soll ich dagegen machen?« fragte ich. »Ich muss dann doch sicher etwas einnehmen.« »Gehen Sie nur tüchtig spazieren«, antwortete Dr. Müller und war beim Aussprechen des letzten Wortes schon wieder abwesend.

Endogene Psychose ist etwas Neues. Oder wird ein und derselbe Zustand von verschiedenen Ärzten mit verschiedenen Worten bezeichnet? Ich frage mich auch, ob so etwas wie eine endogene Psychose mit Wasserkuren und Waldspaziergängen kuriert werden kann.[2]

Frauenmuseum Bonn

Spuren-
suche

Auf den Spuren bewegter Frauen

In der siebziger Jahren des vergangenen Jahrhunderts gehörte auch Bonn zu den Zentren der neuen Frauenbewegung. Mehrere hundert Frauen organisierten sich im Bonner Frauenforum und machten mit Veranstaltungen, Schriften und Aktionen auf ihre Situation und die ihrer Geschlechtsgenossinnen aufmerksam. Die Songgruppe »Bonner Blaustrümpfe« waren eine der über dreißig Arbeitsgruppen des Forums. Zentrum der Aktionen war häufig der Bonner Marktplatz, seit jeher und bis heute nicht nur Verkaufsstätte, sondern Präsentationsfläche für Veranstaltungen aller Art. Hier diskutierten die Frauen an ihrem regelmäßigen Infostand, hier sangen die »Bonner Blaustrümpfe« schwarz gekleidet in bitterer Kälte Protestlieder gegen das Urteil des Karlsruher Bundesverfassungsgerichts, das die Fristenlösung zum Schwangerschaftsabbruch verworfen hatte. Hier, am Markt 10, befand sich auch das »Filmstudio« dessen Programm Anlass für eine besonders spektakuläre Aktion bot. Wegen des sadomasochistischen Pornofilms »Die Geschichte der O« wurde das Kino gestürmt, um die Aufführung zu verhindern. Vor der Tür kettete sich gleichzeitig eine Frau an einen riesigen Pappmaché-Penis.

Das »Filmstudio« existiert nicht mehr, das Gebäude wird anderweitig genutzt, ebenso wie das Hotel Esplanade in der Colmantstraße 47, in dessen schönen Räumen die wöchentlichen Treffen stattfanden. Auch andere Wirkungsorte des Frauenforums und seiner Songgruppe wie die Beethovenhalle und die Bad Godesberger Stadthalle sind verschwunden oder haben sich stark verändert. Doch in der Bonner Altstadt lebt die Tradition der damaligen Zeit bis heute weiter. Im Frauenmuseum sorgen die Direktorin Marianne Pitzen und ihr Team seit über 40 Jahren dafür, dass die von Frauen geschaffene Kunst in der Gesellschaft und in der Szene sichtbar ist. 1981 wurde das Museum als weltweit erstes seiner Art in einem alten Kaufhausgebäude eröffnet. Seitdem hat es sich mit über fünfhundert Ausstellungen und zahlreichen Veranstaltungen ein internationales Renommee geschaffen.

2012 hat die Frauenbewegung auch im »Haus der Frauengeschichte« eine Heimat gefunden. Darin wird mit Ausstellungen und Vorträgen die menschliche Geschichte aus der Perspektive von Frauen erzählt.

Frauenmuseum Bonn, im Krausfeld 10, 53111 Bonn, www.frauenmuseum.de
Haus der Frauengeschichte e.V., Wolfstraße 41, 53111 Bonn, www.hdfg.de

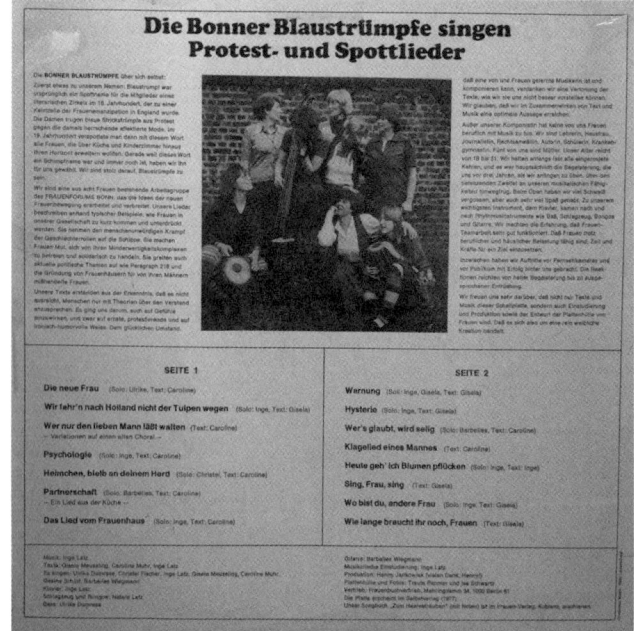

Hinter-
grund

Die Bonner Blaustrümpfe

»Ich hab gehört, Sie spielen Gitarre. Ich habe einige gute Texte geschrieben, die könnte man vertonen.« Dieses Gespräch zwischen Caroline Muhr und der Rechtsanwältin Barbelies Wiegmann war 1974 der Anfang der Songgruppe »Bonner Blaustrümpfe«. Die beiden kannten sich aus dem Frauenforum Bonn und waren auf der Suche nach neuen Wegen, um feministische Ideen lebendig weiterzuverbreiten. Barbelies Wiegmann stellte den Kontakt zur Musikerin Inge Latz her. Die war so begeistert von den Texten, dass sie in drei Wochen die Melodien dazu schrieb. Sie machte auch gleich klar, dass Frauen aus dem Forum die Lieder singen sollten. Für acht von ihnen folgte eine intensive Zeit: Textstudium und Gesangsunterricht, Diskussionen und Proben. Und nach weniger als drei Monaten schon der erste Auftritt. »Heute erfasst uns ein Schauer, wenn wir an den Mut zurückdenken, mit dem wir auf dem Frühlingsfest des Bonner Montagsclubs ... unsere ersten Lieder sangen«, erinnerte sich Caroline Muhr im Frauenjahrbuch '77.[3] Die Mitglieder des renommierten Clubs für gesellschaftliche und politische Kontakte waren keineswegs durchgehend begeistert über Lieder wie das vom Mann, der die Welt nicht mehr versteht, weil seine Frau die Hemden nicht mehr bügelt. Doch es gab immer mehr Zustimmung, so lebhaft, dass es zwei Jahre später bei einem Auftritt auf der Frankfurter Buchmesse zu einem Eklat kam. Nonnen ergriffen die Flucht, ein Mann rief lautstark nach Hexenverbrennung und ein Vertreter der Messeverwaltung riss die Stecker für Mikros und Elektroklavier aus der Wand. Begründung: Die Gruppe ziehe zu viel Publikum von den Buchständen ab. Vier Jahre lang brachten die Blaustrümpfe ihre Botschaft immer erfolgreicher zu Gehör. Sie sangen von Mädchenschicksalen, setzten sich für Frauenhäuser und gegen den § 218 ein und ermunterten Frauen, aus den alten Klischees auszubrechen. Fernsehauftritte und eine Schallplatte waren Höhepunkte des Schaffens. Mit dem Tod von Caroline Muhr brach die Gruppe auseinander. Doch ihre Lieder sind noch immer auf YouTube zu hören: frech und pfiffig, eindringlich und anrührend.

Lesenswert

Die Romane
Caroline Muhr: »Depressionen. Tagebuch einer Krankheit«, Kiepenheuer und Witsch, Köln 1970 (Taschenbuchausgabe: Fischer Taschenbuch Verlag, Frankfurt am Main 1978).

Die Geschichte zweier Jugendfreundinnen, deren unterschiedliche Lebensentwürfe in der patriarchalischen Gesellschaft scheitern. Als sie sich nach Jahren wieder treffen, hoffen sie auf einen gemeinsamen Neuanfang.
Caroline Muhr: »Freundinnen«, Franz Schneekluth, München 1974.

Ein mittlerer Beamter wird aus seinem gleichförmigen Leben herausgerissen, als er mit dem Verdacht
auf Krebs konfrontiert wird.

Caroline Muhr: »Huberts Reise«, Verlag Helmut
Braun, Köln 1978.

Die Gedichte

»Zum Haaresträuben«, Protest- und Spottlieder
für die neue Frauenbewegung, Frauen-Verlag,
Koblenz, o. J.

Das Buch enthält Gedichte von Caroline Muhr,
Gisela Meussling und Inge Latz.

Weitere Gedichte von Caroline Muhr sind bisher
nicht veröffentlicht worden, sondern nur vereinzelt
im Internet zu finden.

Anmerkungen

1   Caroline Muhr: »Depressionen. Tagebuch einer Krankheit«,
    Kiepenheuer und Witsch, Köln 1970, zitiert nach der Taschen-
    buchausgabe: Fischer Taschenbuch Verlag, Frankfurt am Main
    1978, S. 24.
2   a.a.O., S. 23 f.
3   Frauenjahrbuch '77, Verlag Frauenoffensive, München 1977,
    S. 118 f.

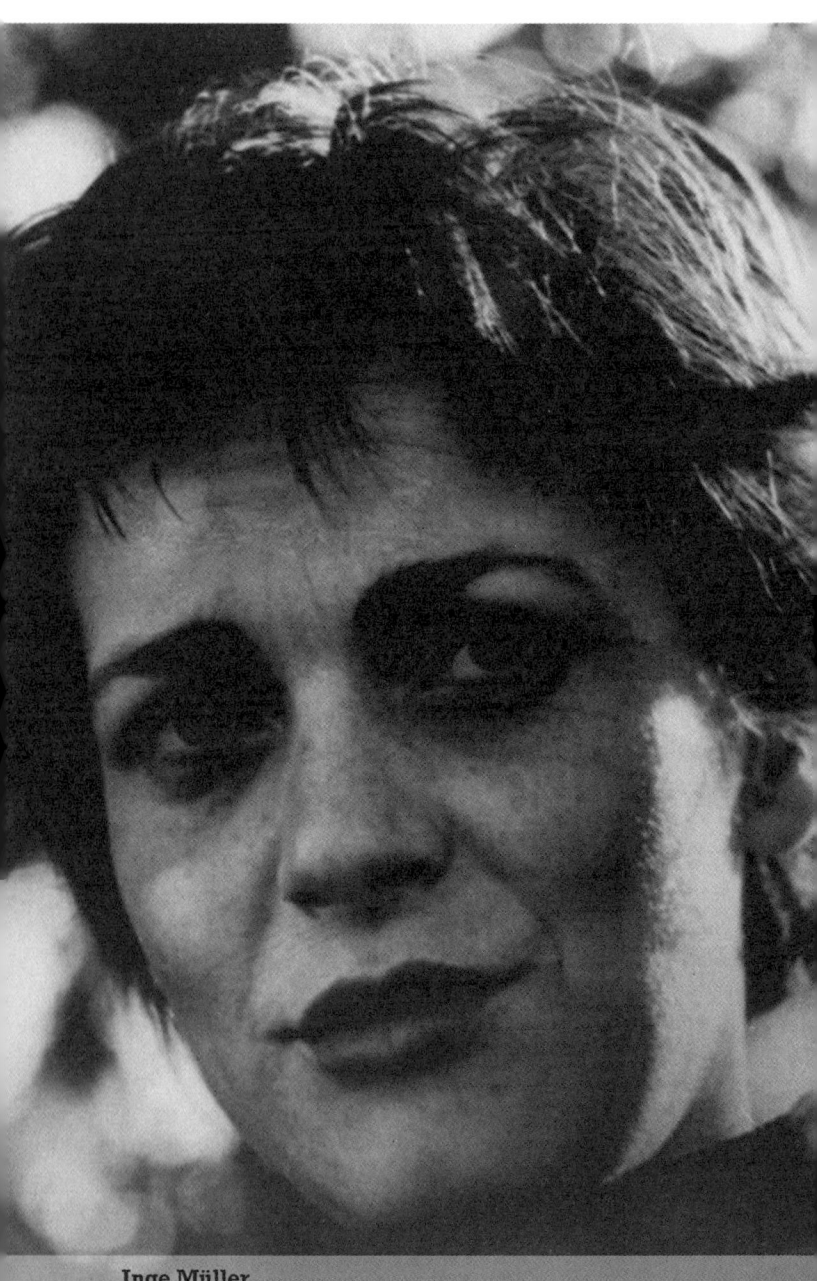

Inge Müller

»Mich trägst du nicht, Tod, ich mach mich schwer«

Inge Müller,
geborene Mayer,
geb. 13. März 1925 in Berlin,
gest. 1. Juni 1966 in Berlin

Inge Müller hat ihre Traumata in Poesie verwandelt. In klarer, karger, leidenschaftlicher Sprache berichtet sie von der Mutter, die die Tochter ablehnte, weil sie den Tod des Sohnes nicht verwinden konnte. Von Krieg und Angst handeln ihre Gedichte, davon, wie sie 1945 drei Tage lang unter einem eingestürzten Haus zusammen mit einem Hund verschüttet war. Sein Hecheln und ihre Schreie waren die einzigen Geräusche in der Dunkelheit. Als man sie endlich ausgegraben hatte, lief sie zu ihrem Elternhaus und fand unter dessen Trümmern die Leichen ihrer Eltern. »Ein Knochen für Mama / Ein Knochen für Papa« hat sie später geschrieben. Auch von der Liebe erzählt Inge Müller. Von der Liebe, die sie fand und wieder verlor und wie sie daran zerbrach.

Sie war 29 Jahre alt, als sie den vier Jahre jüngeren Heiner Müller kennenlernte. Er, der spätere Star-Dramatiker, hatte alles noch vor sich. Sie hatte vieles schon hinter sich. Sie lebte in zweiter Ehe und war Mutter eines Sohnes. Sie hatte als Sekretärin gearbeitet und als Kraftfahrerin. Sie hatte in Krankenhäusern, im Knast und in Kneipen Akkordeon gespielt und war zwei Jahre lang mit dem Zirkus Busch durchs Land gezogen. Sie hatte das feine Leben der DDR-Privilegierten kennengelernt und erste Schritte auf dem literarischen Parkett gemacht. Doch ihre Sprache hatte sie noch nicht gefunden.

An dieser Schnittstelle ihres Lebens kam ihr die Begegnung mit Heiner Müller schicksalhaft vor. Sie ließ alle Sicherheiten hinter sich und heiratete den mittellosen Dichter. Eine tiefe Übereinstimmung empfand sie, die Hoffnung auf eine andauernde Liebes- und Arbeitsgemeinschaft. Anfangs sah es so aus, als ginge ihr Wunsch in Erfüllung. Das Zusammenleben war ein Dialog aus Gedichten, ein gemeinsames erfolgreiches Erschaffen von Literatur. »Ein Traumpaar«, sagten die Freunde. Aber Heiner Müller hatte eigene Pläne und begann, sich zu lösen. Die Situation verschärfte sich, als er wegen eines regimekritischen Stücks eine Zeitlang in Ungnade fiel. Zur wachsenden Entfremdung des Paars kamen gesellschaftliche Ächtung und finanzielle Not. Noch arbeitete Inge Müller diszipliniert weiter und schrieb erfolgreich für Rundfunk und Theater.

Doch mehr und mehr holten sie die alten Ängste ein, vor allem wenn ihr Mann nächtelang mit seinen Theaterfreunden zusammensaß und nicht nach Hause kam. Inge Müller war schon früher labil gewesen, nun verlor sie den Halt. Sie trank, litt unter psychosomatischen Erkrankungen und unerträglichen Schmerzen. Und schrieb weiter. Gedichte, die sie fast niemandem zeigte, die erst zwei Jahrzehnte nach ihrem Freitod wahrgenommen wurden und die noch immer Bestand haben. In ihren Schmerzen und Abstürzen, zwischen Klinikaufenthalten und Suizidversuchen hatte sie endlich die Worte gefunden, um ihr Leid auszudrücken.

UNTERM SCHUTT II

Und dann fiel auf einmal der Himmel um
Ich lachte und war blind
Und war wieder ein Kind
Im Mutterleib wild und stumm
Mit Armen und Beinen die ungeübt stießen
Und griffen und liefen.
Bilder ringsum
Kein Boden kein Dach
Was ist — verschwunden
Ich bin eh ich war
Ein Atemzug Stunden
Die andern — ein Augenblick wie im Meer
Da klopft einer —
Den Globus her!
Daß ich mich halte
Brücken und Pole
Millionen Hände brauch ich
Mich trägst du nicht, Tod, ich mach mich schwer
Bis sie kommen und graben
Bis sie mich haben
Du gehst leer[1]

Spuren-
suche

Spurensuche im Schatten

Wer im heutigen Berlin nach Spuren von Inge Müller
sucht, findet nicht viel. Eine kleine Stele mit ihrem Namen auf dem Friedhof in Pankow, wo ihr Grab längst
eingeebnet und vergessen ist. Eine Tafel am früheren
Wohnhaus am Kissingerplatz 12. Pflichtschuldiges Erinnern. Fündig wird man dagegen nicht nur in ihrem
Werk, sondern auch in den frühen Arbeiten Heiner
Müllers.

»In tage- ja oft nächtelangen Diskussionen klären
wir die aus dem Leben aufgegriffenen Probleme, ihre
Gestaltung und den Ablauf der Handlung. Dann kann
ich schließlich dort weiterschreiben, wo Heiner auf-
gehört hat und umgekehrt«, erklärte Inge Müller 1960
in einem Interview mit Ingeborg Lindemann in der
Gewerkschaftszeitschrift »Der Bau«.[2] Vergebens be-
mühte sie sich ihre Rolle bei der Entstehung von
Stücken wie »Korrektur« oder »Der Lohndrücker«
richtigzustellen. Obwohl beide gemeinsam den renommierten Heinrich-Mann-Preis bekommen haben,
wurde und wird sie bis heute fast immer als seine Mitarbeiterin und nicht als gleichberechtigte Partnerin
gesehen. Heiner Müller hat nichts getan, um diese
Sichtweise in der Öffentlichkeit zu korrigieren. Im Gegenteil: Nach ihrem Tod, sorgte er dafür, dass die Erinnerung an die Autorin verschwand. Mehr und mehr
bestritt er ihren Anteil an der Arbeit. Alles seins! Vermutlich folgte er damit seinem Vorbild Bertolt Brecht,
nach dessen Vorstellungen geistige Urheberschaft ver-

nachlässigt werden konnte, jedenfalls solange die Urheberinnen Frauen waren.

Es gibt für dieses Verhalten in der Welt der Literatur viele Beispiele. F. Scott Fitzgerald, Verfasser des Buches »Der große Gatsby«, entwendete Tagebücher und Briefe seiner Frau, der Schriftstellerin Zelda Sayre, und bediente sich ungeniert bei ihrem Witz und ihrer Fantasie. Im Gegenzug kürzte er ohne ihr Wissen gemeinsam mit seinem Lektor ihren ersten Roman um ein Drittel, weil ihn das Enthüllungsbuch als Ehemann und Schriftsteller ungünstig dastehen ließ. Der französische Literat Henry Gauthier-Villars stand nicht dahinter zurück. Er sperrte seine Frau, die später berühmte Colette, in der Wohnung ein, wo sie für ihn Geschichten schreiben musste, die er dann unter seinem Namen veröffentlichte.

Grabstele auf dem Friedhof Pankow III in Berlin

Auch wenn andere nicht so weit gingen, wird die Beteiligung vieler Frauen bis heute als selbstverständlich hingenommen. Paula Buber etwa, die unter dem Pseudonym Georg Munk als Schriftstellerin tätig war, schrieb am Werk ihres Mannes Martin Buber mit, ohne je genannt zu werden. Man weiß nicht, wie groß ihr Anteil an Schriften des berühmten Religionsphilosophen ist. Die Geschichte der weiblichen Ghostwriter muss noch geschrieben werden.

Der Roman zum Thema

»Die schönen Weiber werden heutzutage mit unter die Talente der Männer gerechnet.« Dieser von Georg Christoph Lichtenberg übernommene Ausspruch Inge Müllers könnte als Motto über Meg Wolitzers Roman »Die Ehefrau« stehen. Unterhaltsam, humorvoll und spannend wie ein Krimi schildert die Autorin das Leben einer Frau im Schatten ihres berühmten Mannes. Während des Fluges zu einer bedeutenden Auszeichnung lässt die Protagonistin Joan Castlemann vier Jahrzehnte ihres Lebens an seiner Seite Revue passieren. In geschickten Rückblenden führt sie immer tiefer in das Geschehen bis zu einem verblüffenden Ende.

Meg Wolitzer: »Die Ehefrau«, DuMont Buchverlag, Köln 2016.

Die Biografien

Eine ausführliche Würdigung aller Arbeiten Inge Müllers enthält Sonja Hilzingers Biografie »Das Leben fängt heute an«. Besonders lesenswert sind auch ihre Darstellung in die Dynamik der Beziehung zwischen Inge und Heiner Müller und die Einblicke in den Literaturbetrieb der frühen DDR.

Sonja Hilzinger: »Das Leben fängt heute an. Inge Müller. Biografie«, Aufbau Verlag, Berlin 2005.

Eine einfühlsame Annäherung an Inge Müller als Mensch und als Autorin bietet Ines Geipel in ihrer Biografie »Dann fiel auf einmal der Himmel um«. Das

Buch, das viele bis dahin unbekannte Details enthält, holt Inge Müller aus dem Schatten ihres Mannes. Ines Geipel ergänzt ihr Sachbuch durch erzählende Passagen und füllt so die Lücken im Lebenslauf.

Ines Geipel: »Dann fiel auf einmal der Himmel um. Inge Müller – die Biografie«, Henschel Verlag, Berlin 2002.

Die Gedichte
Inge Müller: »Daß ich nicht ersticke am Leisesein. Gesammelte Texte«, hg. von Sonja Hilzinger, Aufbau Verlag, Berlin 2002.

Anmerkungen

1   Inge Müller: »Irgendwo; Noch einmal möcht ich sehn: Lyrik, Prosa, Tagebücher. Mit Beiträgen zu ihrem Werk«, hg. von Ines Geipel, Aufbau, Berlin 1996, S. 15. © Aufbau Verlage GmbH & Co. KG, Berlin 1996, 2008.
2   Zitiert nach Sonja Hilzinger: »Das Leben fängt heute an. Inge Müller. Biografie«, Aufbau Verlag, Berlin 2005, S. 139.

Hertha Kräftner

»An solchen Tagen stirbt etwas in einem«

Hertha Kräftner,
geb. 26. April 1928 in Wien,
gest. 13. November 1951
in Wien

Der Tod war Hertha Kräftners ständiger Begleiter im Leben und in ihrem Werk.

Zum ersten Mal ist er ihr im Elternhaus begegnet, da war sie 17 Jahre alt. Er trug die Uniform eines Soldaten der Roten Armee, die ihre Heimatstadt, das burgenländische Mattersburg, von den Nazis befreit hatte. Was dann geschah, ist nie geklärt worden. Fest steht nur, dass eine Frau getötet und zwei Menschen schwer verletzt wurden. Einer davon, Hertha Kräftners Vater, starb nach einigen Monaten an dieser Verletzung. Sie selbst wurde vermutlich vergewaltigt. Sie hat dazu geschwiegen, und das ist nicht verwunderlich, denn die Doppelmoral der damaligen Zeit belegte stets die Frauen mit dem Makel. Niemand hatte Verständnis für eine Traumatisierung.

Doch Hertha Kräftners Texte sprechen eine deutliche Sprache. »An solchen Tagen stirbt etwas in einem. Und immer sind es Dinge, die man noch keinem sagte«[1], schrieb sie drei Jahre später in einem Gedicht. Der Tod hatte von ihr Besitz ergriffen und er ließ sie nicht mehr los. Sie versuchte ihn zu bannen, arbeitete in ihren Gedichten und Geschichten gegen die Depression an, suchte verzweifelt und vergeblich Halt in wechselnden Liebesbeziehungen.

Nach dem Abitur zog Hertha Kräftner 1947 zum Studium nach Wien. Sie schloss sich dem literarischen Zirkel um den Schriftsteller Hans Weigel an, der junge Talente förderte, stand in Kontakt mit den Großen der Wiener Nachkriegsliteratur und hatte bald Erfolg. Ihre Texte wurden in Zeitschriften abgedruckt und im Rundfunk gesendet. Ihr »Pariser Tagebuch«, die Aufzeichnung einer Reise, wurde mit dem Prosapreis der Zeitschrift »Neue Wege« ausgezeichnet.

All das erreichte sie nicht in ihrer zunehmenden Schwermut. Sie hatte sich für den Tod entschieden. Kühl und präzise spielte sie mit diesem Gedanken im März 1951 in einem Essay: »Wenn ich mich getötet haben werde«. Welche Interpretationen würde es nach ihrem Suizidversuch geben? Sie ahnte die teilweise absurden Mutmaßungen voraus. Acht Monate später beendete sie ihr Leben mit Hilfe von Schlaftabletten. Ihrer Mutter schrieb sie wenige Tage vorher: »Es ist einfach so, daß ich viel zu traurig und zu müde bin, um noch leben zu wollen.«

Hertha Kräftner hat nur ein schmales Werk hinterlassen, wenig mehr als hundert Gedichte, einige kurze Geschichten, Tagebuchaufzeichnungen. Nach ihrem Tod geriet sie bald in Vergessenheit. Erst ein Vierteljahrhundert später wurde sie wiederentdeckt vor allem dank der feministischen Literaturwissenschaft. Inzwischen wird Hertha Kräftner neben Ingeborg Bachmann als wichtigste österreichische Dichterin nach 1945 genannt. Ihre Lyrik hat nichts von ihrer dunklen Magie verloren. In ihren letzten Monaten entstanden die eindrucksvollsten Gedichte. Eins davon, ihr vorletztes, verfasste sie zwei Monate vor ihrem Tod. Sie nannte es »Dorfabend«. Ganz schlicht. Doch mehr Schmerz, mehr Schuld, mehr Einsamkeit ist kaum je in ein Gedicht geschrieben worden.

Dorfabend

Beim weißen Oleander
begruben sie das Kind,
und horchten miteinander,
ob nicht der falsche Wind
den Nachbarn schon erzähle,
daß es ein wenig schrie,
eh seine ungetaufte Seele
im Halstuch der Marie
erwürgt zum Himmel floh.
Es roch nach Oleander,
nach Erde und nach Stroh;
sie horchten miteinander,
ob nicht der Wind verriete,
daß sie dem toten Knaben
noch eine weiße Margerite
ans blaue Hälschen gaben ...
Sie hörten aber nur
das Rad des Dorfgendarmen,
der pfeifend heimwärts fuhr.
Dann seufzte im Vorübergehn
am Zaun die alte Magdalen:
»Gott hab mit uns Erbarmen.«[2]

Café Raimund, Wien

**Spuren-
suche**

Spurensuche im Künstlercafé

Kaffeehäuser spielen in der Wiener Kulturszene bis heute eine wichtige Rolle. Sie sind Treffpunkt, Schreibort, Rückzugsfläche, Bühne. Eine dieser Traditionsstätten ist das Café Raimund. Hier residierte in der Nachkriegszeit Hans Weigel, Schriftsteller, Kritiker und Förderer junger Talente, die von seinen guten Verbindungen profitierten. Auch Hertha Kräftner hatte er unter seine Fittiche genommen. Sie schilderte in einem Brief an einen Freund lebendig und humorvoll, wie ein Treffen mit Weigels Schützlingen verlief:

»Hans Weigel bittet einige junge Musiker, Dichter u. Maler ins Café Raimund (neuestes Literaturcafé), weil eine Londoner Journalistin da ist und uns photografieren will. Momentaufnahme: Rühm erzählt einem anderen Musiker, daß ein dritter, der nicht da ist, keine Hoden hätte. Kölz (Musiker) schaut sich die Zeichnungen von Absalon an und erklärt ihm (= Absalon) dabei, was es mit einer »Geräuschsymphonie« auf sich hat, daß die Musik völlig neu geschaffen werden muß usw. (ein altes Sprichwort). Eisenreich spricht aus dem Stegreif einen Essay über »Die Situation des heutigen Lyrikers«. Federmann hört zu und ärgert sich, daß er nicht so gescheit ist. Milo Dor setzt der dicken Brigitte Kahr auseinander, daß er nicht geboren wurde, ein Büromensch zu sein, daß daher der Staat die Pflicht habe, die »Dichter« zu subventionieren. Die Kahr blättert in Zeichnungen von Moldovan über den Krieg und sagt dann – tief seufzend –: »Es ist schrecklich, wie der Krieg unsere Seelen für das Grausame geöffnet hat.« Jeannie pudert sich die Nase und sagt halblaut über den Tisch zu mir: »Stinkfad.« Weigel ist stolz und traurig zugleich (stolz, weil so viele gekommen sind, traurig, weil er alt wird). Und ich? Ich interessiere mich nicht für Musik, nicht für Literatur, nicht für die Malerei – ich flirte mit dem Kurt Moldovan ... Die Journalistin ist mit ihrer Aufnahme fertig und setzt sich wieder. Wir aber tun noch stundenlang in der Art weiter.«[3]

Das Café Raimund (Museumstraße 6, A-1010 Wien, www.cafe-raimund.com) gegenüber vom Volkstheater existiert noch immer, aber es geht ruhiger darin zu als in früheren Zeiten. Die Künstler sind weitergezogen und die Touristen haben andere Favoriten. Manche sagen, das Café habe nach einer Renovierung viel von seinem ursprünglichen Charakter verloren. Doch noch immer kann man auf roten Samt-Sesseln unter klimpernden Kristalllüstern eine der vielen Wiener Kaffee-Spezialitäten trinken und dabei stundenlang in Ruhe Zeitung lesen.

Pariser Tagebuch

Nicht nur in ihren Gedichten, sondern auch in Geschichten sprach Hertha Kräftner eine eigene unverwechselbare Sprache. Wie poetisch selbst ein Reisebericht sein kann, zeigt dieser Ausschnitt aus ihrem preisgekrönten »Pariser Tagebuch«.

»Die Fontänen am Trocadéro steigen und fallen. Sie sind ein leuchtender Schleier. Auf der Terrasse kommen und gehen die Fremden. Wir lehnen an der Brüstung und sehen hinab auf den stürzenden Regen der Brunnen. Weit dahinter liegt das schwarze Paris. Der Eiffelturm hat rote Lichter an der Spitze und wenn die Wolken daran vorbeiziehen, scheint er zu segeln, als Mast auf einem düsteren Schiff. Das rote Licht ist böse. Es schaut in dein Herz und spottet. Da erinnerst du dich und dir wird bang. Der Mond stirbt für dich hinter einer Wolke. Der goldene Invalidendom glänzt herüber und versucht dich mit eitlen Gedanken. Paris ist eine offene, großzügige Hand. Du stehst und siehst, wie sie sich auftut, aber du weißt nicht für wen.«[4]

Gedichte, Prosa Briefe
Hertha Kräftner: »Kühle Sterne«. Gedichte, Prosa, Briefe, aus dem Nachlaß herausgegeben und mit Nachworten von Max Bläulich und Gerhard Altmann, Wieser Verlag, Klagenfurt 1997 (Taschenbuchausgabe: Suhrkamp Verlag, Berlin 2001).

Biografie
Dine Petrik: »Hertha Kräftner. Die verfehlte Wirklichkeit«, Edition Art & Science, Reihe Bruchstücke, Wien 2011.

Dine Petrik: »›Ich bin wie ein kaltes Reptil‹. Hertha Kräftner. Spurensuche und Sittenbild.« Mit einem Vorwort von Daniela Strigl, Bibliothek der Provinz, Weitra 2022.

»Und du darfst denken, alles sei noch mehr, als du es träumen kannst.« Barbara Horvath liest Texte von Hertha Kräftner, Audio CD – Hörbuch, hg. von Sabrina Hergovich, edition lex liszt 12, August 2013.

1   Hertha Kräftner. »Kühle Sterne. Gedichte, Prosa, Briefe«, Suhrkamp Verlag, Berlin 2001, S. 39.
2   a.a.O., S. 313.
3   a.a.O., S. 284.
4   a.a.O., S. 205.

Edeltraud Eckert

»Im Traum nur still nach Hause ziehn«

Edeltraud Eckert,
geb. 20. Januar 1930
in Hindenburg,
gest. 18. April 1955
in Leipzig

Ein dünnes Heft, sauber mit Bleistift beschrieben, dazu ein paar mündlich überlieferte Verse, das ist Edeltraud Eckerts lyrische Hinterlassenschaft. All ihre Gedichte sind im Gefängnis entstanden als einzige Zuflucht vor Dreck und Dunkelheit, Hunger und Einsamkeit. Diese Gedichte und die wenigen Briefe, die sie an ihre Familie schreiben durfte, sind erschütternde Zeugnisse eines geraubten Lebens.

Edeltraud Eckert war zwanzig Jahre alt, als sie in Potsdam von der Volkspolizei verhaftet und vom Sowjetischen Militärtribunal zu 25 Jahren Arbeitslager verurteilt wurde. Ihr Verbrechen: Sie hatte Flugblätter einer »Kampfgruppe gegen die Unmenschlichkeit« weitergeleitet, auf denen »Freiheit der Ostzone« und »Feindschaft dem Terror« gefordert wurde.

Sie war Studentin und wollte Lehrerin werden. Nach Krieg und Flucht war sie voller Hoffnung auf eine bessere Zukunft und arbeitete aktiv in der kommunistischen Jugendorganisation FDJ. Doch an der Humboldt-Universität erfuhr sie von den dunklen Seiten der neuen Gesellschaft, von Hinrichtungen politischer Gegner und von grausamen Internierungslagern. Ihre Liebe zu Wahrheit und Gerechtigkeit, Geschenk einer geborgenen Kindheit, ließen nicht zu, dass sie schwieg.

In den wenigen Jahren, die ihr blieben, lernte Edeltraud die Unmenschlichkeit des Systems in ganzer Härte kennen: die Schläge beim Verhör, die Verhandlung ohne jede Verteidigungsmöglichkeit und schließlich die Grausamkeit der Kerker. In der Strafanstalt Waldheim, ihrer ersten Station, ruinierten schlechte Ernährung, Schlafmangel, Arbeitsüberlastung und mangelnde Hygiene die Gesundheit der jungen Frau. Sie erkrankte an Tuberkulose und musste wegen einer Bindehautentzündung dauerhaft eine dunkle Brille tragen. Sie litt unter dem Gestank und der Enge, sehnte sich nach den wenigen ruhigen Stunden der Nacht, dann konnte sie »im Traum nur still nach Hause ziehn«.[1]

Doch in diesem Elend half ihr die Kraft der Poesie. Schon bald nach ihrer Inhaftierung begann sie zu dichten, heimlich zunächst, höchstens auf Papierfetzen, konnte sie ihre Verse notieren. Sie beschrieb ihre Gefühle, erinnerte sich an die Natur, die sie so geliebt hatte. Ihren Mitgefangenen blieb das nicht verborgen, auch sie ließen sich von den Gedichten trösten. Mehr noch: Damit nichts verloren ging, lernten viele sie auswendig, sagten sie immer wieder vor sich hin, damit sie sie nach ihrer Entlassung in die Freiheit tragen konnten. Vierzehn Gedichte sind auf diese Weise erhalten geblieben. Ab 1953 besserten sich die Haftbedingungen, Edeltraud Eckert erhielt die Erlaubnis, ein Heft zu führen. Sie schrieb ihre Verse auf, vertonte einige davon, sang die Lieder mit ihren Leidensgefährtinnen.

Als sie aus organisatorischen Gründen in die berüchtigte Strafanstalt Hoheneck in Stollberg verlegt wurde, kam die Dunkelheit zurück. Hier erlebte sie wochenlange Einzelhaft in einem nassen Keller, bekam ekelerregendes Essen, es gab kaum Arbeitsschutz. Am 24. Januar 1955 erlitt Edeltraud Eckert in der Schneiderei einen Unfall, bei dem sie sich eine schwere Kopfverletzung zuzog. Zu spät und falsch behandelt starb sie nach dreimonatigem Martyrium an Wundstarrkrampf. Ihre Asche wurde anonym begraben, niemand kennt den Ort. Doch ihre Gedichte sorgen dafür, dass ihre Geschichte nicht vergessen wird.

Vom Leben trennt dich Schloß und Riegel

Vom Leben trennt dich Schloß und Riegel
Und Deiner Muße bleibt nur eins:
Du schaust in den blind gewordenen Spiegel
Deines eigenen vergangenen Seins.

Ein bleiches Bild sieht dir entgegen,
Von keines Künstlers Hand verschönt,
Du ließest dich in Fesseln legen,
Und frei zu sein hast Du ersehnt.

Vielleicht, daß sich dein Morgen naht,
Vielleicht bringt auch die Nacht die Wendung,
Du weißt noch nicht, führt dieser Pfad
Zum Wahnsinn oder zur Vollendung.

November 1951[2]

Strafanstalt Hoheneck in den 1950er Jahren

Spuren-
suche

Spurensuche im Gefängnis

Die Strafanstalt Hoheneck im sächsischen Stollberg
war zu DDR-Zeiten ein Ort des Schreckens. Dunkel-
haft und Isolationsfolter, Demütigungen und Misshandlungen waren in diesem Frauengefängnis an der
Tagesordnung. Hierher kamen neben Gewaltverbre-
cherinnen die Frauen, die aus politischen Gründen
verurteilt wurden. »Hoheneckerinnen« wurde zum
Synonym für inhaftierte Regimekritikerinnen und
Republikflüchtlinge. Noch Jahrzehnte später denken
die ehemaligen Insassinnen mit Grauen ihre an Zeit
der Gefangenschaft zurück. Einige haben sie in be-
drückenden Büchern geschildert. »Der dunkle Ort«

heißt eines davon, in dem 25 ehemalige Häftlinge von ihren traumatischen Erlebnissen erzählen.[3] Auch ein »Frauenkreis der ehemaligen Hoheneckerinnen e. V.« bewahrt die Erinnerungen. Einige Mitglieder dieses eingetragenen Vereins stellen sich als Zeitzeuginnen für Schulen und andere Institutionen zur Verfügung, damit Diktatur, Unterdrückung und Unrecht nicht in Vergessenheit geraten.[4]

Das Gefängnis Hoheneck hat eine lange Geschichte. Es war nach seiner Errichtung auf den Grundmauern eines alten Jagdschlosses im 17. Jahrhundert Untersuchungsgefängnis, »Sächsisches Weiberzuchthaus« und Lazarett. Die Nationalsozialisten nutzten es als Zuchthaus, in dem auch antifaschistische Widerstandskämpfer und -kämpferinnen untergebracht wurden. Schließlich wurde es zum Zentralen Frauengefängnis der DDR. Die letzten politischen Gefangenen wurden nach dem Fall der Mauer im November 1989 amnestiert. Erst 2001, zwölf Jahre später, wurde die Anstalt geschlossen.

Eine Gedenkstätte mit Dauerausstellung, Führungen und Veranstaltungen war zum Zeitpunkt der Drucklegung noch im Aufbau.[5]

Die Justizvollzugsanstalt Waldheim ist das älteste Gefängnis Deutschlands, das noch in Betrieb ist. Hier befindet sich das wahrscheinlich kleinste Museum Sachsens. Es zeigt eine »ständige Ausstellung zur Geschichte des Sächsischen Strafvollzugs«.[6]

Literatur aus dem Gefängnis

Schon seit Jahrhunderten entsteht in Gefängnissen Literatur, Romane und Gedichte ebenso wie Biografien, Briefe, Tagebücher und Sachtexte. Manche dieser Arbeiten wurden weltberühmt, wie zum Beispiel Nelson Mandelas Autobiografie »Der lange Weg zur Freiheit«, die er großenteils während seiner langjährigen Haft auf der Gefängnisinsel Robben Island schrieb. Das war streng verboten. Doch obwohl Wärter seine Texte entdeckten, gelang es Mandela, Abschriften durch andere Gefangene nach draußen schmuggeln zu lassen.

In Deutschland wirkt bis heute ein Gedicht nach, das unter extremen Umständen entstanden ist. Der Theologe Dietrich Bonhoeffer schrieb es 1945 kurz vor seiner Hinrichtung mutig und hoffnungsvoll: »Von guten Mächten wunderbar geborgen.«

An der Universität Münster wurde 1986 eine Dokumentationsstelle Gefangenenliteratur eingerichtet, die bis 2006 existierte. Ihre Aufgaben bestanden unter anderem in der Archivierung, Auswertung und Veröffentlichung literarischer Arbeiten von Gefangenen. Seit 2010 befindet sich die Sammlung der Gefangenenzeitungen im Bundesarchiv Koblenz (Bestand ZSg 159).

Es gibt auch einen Literaturpreis für diese Texte. Er wird alle drei bis vier Jahre vergeben und ist benannt nach der Schriftstellerin Ingeborg Drewitz, die sich intensiv für Gefangene eingesetzt hat.[8]

Gedichte und Briefe

101 Gedichte sowie die Briefe, die Edeltraud Eckert
während ihrer Haft geschrieben hat, sind in dem
Projekt »Die verschwiegene Bibliothek« veröffentlicht worden. In dieser Reihe gaben Ines Geipel und
Joachim Walther Texte aus dem von ihnen gegründe-
ten Archiv unterdrückter Literatur in der DDR heraus. Edeltraud Eckerts Lyrik und Briefe war einer der
ersten beiden Bände. Ursprünglich waren zwanzig
Titel geplant, allerdings wurde die Reihe nach zehn
Bänden nicht weiter fortgeführt.

Edeltraud Eckert: »Jahr ohne Frühling«, hg. von
Ines Geipel und Joachim Walther, Büchergilde Gutenberg, Frankfurt am Main, Wien, Zürich 2005.

Die Biografie

Eine ausführliche, gründlich recherchierte Biografie
hat Jürgen Blunck über Edeltraud Eckert geschrieben.
Bei aller Sachlichkeit der Texte spürt man die Anteilnahme am Schicksal der Dichterin. Das Buch enthält
auch Gedichte, Fotos sowie einige der Vertonungen
der Gedichte, so dass die Texte nachgesungen werden
können.

Jürgen Blunck: »Vom Leben trennt dich Schloß und
Riegel«, Verlag Langen Müller in der F.A. Herbig
Verlagsbuchhandlung, München 2000.

Ines Geipel: »Zensiert, verschwiegen, vergessen.
Autorinnen in Ostdeutschland 1945 – 1989«,
Artemis & Winkler, Düsseldorf 2009.

Anmerkungen

1   Jürgen Blunck: »Vom Leben trennt dich Schloß und Riegel«,
    Verlag Langen Müller in der F.A. Herbig Verlagsbuchhandlung,
    München 2000, S. 67.

2   Bundesstiftung zur Aufarbeitung der SED-Diktatur, Archiv unter-
    drückter Literatur in der DDR, Edeltraud Eckert, zitiert nach
    Edeltraud Eckert: »Jahr ohne Frühling«, hg. von Ines Geipel und
    Joachim Walther, Büchergilde Gutenberg, Frankfurt am Main,
    Wien, Zürich 2005, S. 18.

3   Dirk von Nayhauß, Maggie Riepl: »Der dunkle Ort. 25 Schicksale
    aus dem DDR-Frauengefängnis Hoheneck«. Mit einem Nachwort
    von Andreas Maercker, be.bra wissenschaftlicher verlag, 2. Auflage,
    Berlin 2015.

4   Kontakte sind auf der Internetseite
    www.frauenkreis-hoheneckerinnen.de zu finden.

5   Informationen über den aktuellen Stand gibt es unter
    www.gedenkstaette-hoheneck.de.

6   Nähere Informationen: www.strafvollzugsmuseum-waldheim.de

7   randgruppenliteratur.de/ingeborg-drewitz-literaturpreis-fuer-
    gefangene.htm

Maxie Wander

»Guten Morgen, du Schöne«

Maxie Wander,
geb. 3. Januar 1933 als
Elfriede Brunner in Wien,
gest. 21. November 1977
in Potsdam

Maxie Wander konnte Alltagsgeschichten zum Leuchten bringen. Sie verwandelte jeden Lebensbericht in Literatur. Wie eine Bildhauerin arbeitete sie aus Tonbandprotokollen den Kern einer Geschichte heraus. Sie veröffentlichte nur ein einziges Buch, doch das wurde zum Kult. In »Guten Morgen, du Schöne« porträtierte sie 19 Frauen jeden Alters aus der damaligen

DDR. In beiden Teilen Deutschlands fühlten sich die Leserinnen angesprochen von der wirklichkeitsnahen und zugleich poetischen Schilderung weiblicher Lebensumstände, die so gar nichts zu tun hatten mit dem propagierten Idealbild der berufstätigen Mutter im Osten und den holprigen Emanzipationsversuchen im Westen.

Maxie Wander hat ihre Gesprächspartnerinnen dazu bewegt, ohne Scheu und in teilweise drastischen Worten über sich Auskunft zu geben, über die tägliche Verantwortung, die zu Boden drückt, über die Verständnislosigkeit der Männer und die verzweifelte Suche nach einem Ausweg.

Erst spät hat Maxie Wander mit diesem Buch ihre Berufung gefunden. Nach abgebrochener Schulbildung arbeitete sie zunächst als Fabrikarbeiterin und Sekretärin, später als Bibliothekarin, Fotografin und Journalistin. Mit 25 Jahren verließ sie ihren Geburtsort Wien und zog mit ihrem Mann, dem Schriftsteller Fred Wander, nach Kleinmachnow, eine Kleinstadt im Grenzgebiet der früheren DDR. Sie war in einer kommunistischen Arbeiterfamilie aufgewachsen und von der Idee des Sozialismus überzeugt. Doch wurde sie in der neuen Heimat nie wirklich heimisch, beklagte vor allem das Erziehungssystem, das Fantasie und Eigeninitiative unterdrückte.

Auch sie lebte den Spagat zwischen dem Wunsch nach persönlicher und beruflicher Entfaltung und den Bedürfnissen ihrer drei Kinder, die sie liebte. Der schwerste Schicksalsschlag ihres Lebens war der Tod ihrer zehnjährigen Tochter Kitty nach dem Sturz in

eine ungesicherte Baugrube. Sie gab sich eine Mit-
schuld daran und hat den Schmerz über diesen Verlust
nie überwunden.

Seit ihrer Kindheit hatte Maxie Wander leidenschaftlich geschrieben: Notizen, Tagebücher, später
Hunderte von Briefen. Ihre ersten Schritte als Schriftstellerin machte sie mit Erzählungen, Reiseberichten
und Drehbüchern. Erst zwei Jahre vor ihrem frühen
Krebstod begann sie mit der Arbeit an dem Buch, das
sie berühmt machte, es erschien wenige Wochen, bevor sie starb. Sie erlebte noch viel Zuspruch zu der Veröffentlichung, den ungeheuren Erfolg konnte sie nicht
vorausahnen: immer neue Auflagen und Lizenzen.
Das Theaterstück auf der Basis des Buchs wurde eines
der meist gespielten jener Zeit.

Über vierzig Jahre sind seit der Veröffentlichung
vergangen. Die gesellschaftlichen Verhältnisse haben
sich geändert. Doch die Träume, die Ängste, die Hoff-
nungen sind gleich geblieben. Noch immer macht dieses Buch nachdenklich. Noch immer sieht man sich
selbst und andere nach der Lektüre mit einem tieferen
Blick.

Aus dem Werk

»In jenem Nachtgespräch (...) erläuterte sie, dass sie zur Zeit intensiv daran arbeite, solche Gespräche mit Freundinnen, mit Verwandten oder mit neuen Bekannten über die Kindheit, die Herkunft, über Eltern und Familien, über deren Geschichten, über wahrgenommene Zeit-Ereignisse und deren Bedeutung, die sie jeweils gehabt hätten bzw. noch haben, in Texten festzuhalten, sie sozusagen zu protokollieren; manchmal erwüchsen sie aus spontanen Unterhaltungen, manchmal verabrede sie – auch mit dem Bandgerät – sich für gemeinsames Nachdenken und Berichten darüber. Auch mit Männern und Kindern denke sie zu sprechen, plane sie darüber zu schreiben ...«

(Christel Hartinger über Maxie Wanders Arbeit an »Guten Morgen, du Schöne«[1])

Schloss Wiepersdorf

Spuren-suche

Spurensuche an Arbeitsorten

Wie geheimnisvoll ist dieser Ort! Maxie Wander hat den Dachboden von Schloss Wiepersdorf nach einem Besuch beschrieben. Nie wird es dort richtig hell. Kein Sonnenstrahl dringt durch Staub und Spinnweben. Überall spürt sie den Verfall: er spiegelt sich matt in den Splittern von Fensterscheiben, hängt schwer in den Angeln der Bodentür, liegt über Möbeln, die niemand mehr brauchen wird, knirscht unter den Füßen, die auf Federn und Getreidekörner treten. Einmal, so erzählt sie, lebten hier Vögel. Sie entdeckt Volieren, ein Drahtgitter, hinter dem Tauben hockten, zerbrochene

Eierschalen, zart gefärbt, getrockneten Kot, hart und weiß. Und sie fühlt sich beklommen, als sie eintritt, so als würde sie in das Reich eines vergessenen Königs eindringen.

Schloss Wiepersdorf hat eine lange literarische Tradition. Hier lebte vor 200 Jahren der romantische Dichter Achim von Arnim und zeitweise auch seine Frau Bettina, geborene Brentano. Hier fanden von den Nationalsozialisten verfolgte Künstlerinnen und Künstler Unterschlupf. Nach dem Zweiten Weltkrieg wurde für Autorinnen und Autoren eine Stätte geschaffen, an der sie ungestört arbeiten konnten. Auch Maxie Wander war mehrmals zu Gast. Sie wohnte gern in einem schönen Zimmer mit Blick auf den alten Park, in dem sich auch die letzte Ruhestätte der von Arnims befindet. Heute werden in diesem Künstlerhaus Kreative aus vielen Bereichen mit Aufenthaltsstipendien gefördert. Kunstinteressierte können an öffentlichen Veranstaltungen wie Lesungen oder Konzerten teilnehmen. Im Museum des Schlosses wird neben der Geschichte der Romantik auch die Zeit der Arbeitsaufenthalte zwischen 1947 und 1989 dargestellt. Den verstaubten Speicher wird man allerdings vergeblich suchen. Er wurde inzwischen gründlich renoviert.

Schloss Wiepersdorf, Bettina-von-Arnim-Straße 13, 14913 Wiepersdorf www.schloss-wiepersdorf.de

Eine Spurensuche ganz anderer Art führt in den idyllischen Ort Petzow. Eine weiße Villa direkt am Schwielowsee beherbergte von 1955 bis 1990 das Schriftstellerheim Friedrich Wolf – ein begehrter Schreibort, an den man sich zurückzuziehen konnte, um in Ruhe zu arbeiten oder auch, um sich mit anderen auszutauschen. Maxie und Fred Wander lebten hier nach ihrer Übersiedelung in die DDR und kamen später häufig zum Arbeiten zurück. Das Haus – heute Villa Berglas – ist inzwischen wieder in Privatbesitz. Doch die Erinnerung an die Zeit der Literatur ist nach wie vor lebendig. Und das ist vor allem Maxie Wander zu verdanken. 2013 fand in der Kulturkirche des Ortes eine Lesung zum 80. Geburtstag der Autorin statt. Beim anschließenden Gespräch wurde die Idee geboren, Texte zu diesem ehemaligen »märkischen Musenhof« zu sammeln und als Buch zu herauszugeben. Erzählungen und Gedichte, Erinnerungen, Briefe, Fotos und Gästebucheintragungen wurden in dem Buch »Petzow – Villa der Worte« veröffentlicht. So entstand nicht nur ein anregendes Lesebuch, sondern ein Stück Literaturgeschichte der DDR.

Lesetipp: Margrid Birken, Christel Hartinger und andere (Hg.): »Petzow – Villa der Worte. Das Schriftstellerheim in Erinnerungen und Gedichten«, Verlag für Berlin-Brandenburg, Berlin 2016.

262

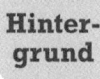

**Hinter-
grund**

Der Nachlass

Die Akademie der Künste in Berlin hütet den Nachlass
von Maxie Wander. Zu den sehr vielseitigen Unterla-
gen gehören neben den Protokollen zu ihrem Buch
auch weitere zum Teil unveröffentlichte Texte wie Erzählungen, Kindergeschichten, Drehbücher und Re-
portagen. Briefe, autobiografische Aufzeichnungen,
Fotos, Notizkalender und andere Materialien ermög-
lichen einen persönlichen Zugang zur Autorin. Interessierte können sich vor Ort im Lesesaal in die Unter-
lagen vertiefen.

Kontakt: Akademie der Künste,
Robert-Koch-Platz 10, 10115 Berlin
Tel.: 030-200 57-32 47, Mail: benutzung@adk.de,
Internet: www.adk.de

Lesenswert

Das Kultbuch

Maxie Wander: »Guten Morgen, du Schöne.
Protokolle nach Tonband«, Suhrkamp Verlag,
Frankfurt am Main 2007.

Die Lebenszeugnisse

Fred Wander hat nach dem Tod Maxie Wanders zwei
Bücher mit ihren Tagebuchaufzeichnungen und
Briefen herausgegeben. Sie zeigen das Bild einer ak-
tiven, kreativen, auch zweifelnden Frau, im Gespräch

mit sich und anderen, die trotz Schicksalsschlägen, Krisen und Krankheit ihren Lebensmut nicht verlor.

Maxie Wander: »Leben wär' eine prima Alternative«, hg. von Fred Wander, Suhrkamp, Frankfurt am Main 2009.

Maxie Wander: »Ein Leben ist nicht genug«, hg. von Fred Wander, Suhrkamp, Frankfurt am Main 2007.

Die Fortsetzung

Maxie Wander hatte die Absicht, auch Männer und Kinder in weiteren Büchern zu porträtieren. Erste Notizen zu Gesprächen hatte sie bereits angefertigt. Nach über 40 Jahren ist die Autorin Greta Taubert in ihre Fußstapfen getreten und hat ein Buch geschrieben, in dem 15 Männer zwischen Mitte 30 und Ende 50 über sich Auskunft geben.

Greta Taubert: »Guten Morgen, du Schöner – Begegnungen mit ostdeutschen Männern«, Aufbau Verlag, Berlin 2020.

Anmerkungen

1   Christel Hartinger: »Mit Maxie Wander im Gespräch« in: Margrid Birken, Christel Hartinger und andere (Hg.): »Petzow – Villa der Worte. Das Schriftstellerheim in Erinnerungen und Gedichten«, Verlag für Berlin-Brandenburg, Berlin 2016, S. 245 f.

Diana Kempff

»Nachts aufbrechende Augen, zugenäht bei Tagesanbruch«

Diana Kempff,
geb. 11. Juni 1945
in Thurnau,
gest. 13. November 2005
in Berlin

Diana Kempff steht bis heute im Schatten ihres berühmten Vaters. Sie war die Tochter des Pianisten Wilhelm Kempff, so heißt es an erster Stelle in den meisten Informationen, die man über sie findet. Dabei verdient gerade ihre eigene Leistung große Bewunderung. Aufgrund einer Drüsenerkrankung litt sie als Kind unter einer entstellenden Fettsucht, wegen der sie gequält und ausgegrenzt wurde. Sie hat über diese bitteren Jahre einen berührenden autobiografischen Roman aus der Sicht des Kindes geschrieben. In ihren Gedichten fand sie verstörende Bilder für ihre lebenslange Einsamkeit. Ihr Werk »Der Wanderer« wurde mit dem renommierten Kleist-Preis ausgezeichnet. Sie hat außerdem den Gemini-Verlag gegründet, in dem sie wenig beachteten Büchern eine Chance gab. Von ihrem berühmten Vater wurde sie dabei keineswegs gefördert. Im Gegenteil: Seine Jüngste sollte nicht stören, darin erschöpfte sich die Aufmerksamkeit für sie. Mit ihrem Debütroman »Fettfleck« störte sie enorm. Die Mutter, aus altem Adel, bedauerte, dass er nicht wenigstens unter Pseudonym veröffentlicht worden war. Der Vater griff durch und enterbte die aufmüpfige Tochter. Was diese ans Tageslicht gebracht hatte, warf ein schlechtes Licht auf die Familie: Die Eltern, ohnehin meist abwesend, schoben sie in Internate und Sanatorien ab. Sie ignorierten die Verhöhnungen und die an Folter grenzenden Misshandlungen, die das Mädchen von Geschwistern und Gleichaltrigen zu erdulden hatte. Selbst als sich herausstellte, dass die Zwölfjährige von einem Lehrer missbraucht wurde, blieben sie diskret: Der Ruf der Schule sollte nicht beschädigt werden. Der Lehrer wurde nicht bestraft, sondern versetzt. Diana Kempff flüchtete sich in eine Traumwelt: »Nachts aufbrechende Augen / zugenäht bei Tagesanbruch«, heißt es in einem ihrer Gedichte.[1] Doch sie begann auch, sich zu wehren, befreite sich aus diesem Sumpf aus Grausamkeit und Vernachlässigung ebenso wie aus der hilflosen Kindersprache – »Kammanixmachen« – mit der sie ihren ersten Roman beginnen ließ. Sie hatte eine klare Zukunftsvorstellung. Dichterin wollte sie werden, damit man ihr endlich zuhört. Eine Zeitlang gelang es ihr, sie schrieb Gedichte, Hörspiele, Romane, hatte Erfolg. Der Literaturkritiker Joachim Kaiser rühmte in seiner Rede zur Verleihung des Kleist-Preises die wunderbare Komposition ihres Erstlings, ihren taktvollen und noblen Erzählstil, die herbe und gleichzeitig heitere Darstellung von Gefährdungen und Ängsten. Mühelos wechselte sie beim Schreiben zwischen Phantasie und Wirklichkeit. »Hinter der Grenze« heißt einer ihrer Romane bezeichnenderweise. Erfolg allein reichte jedoch nicht aus, um das Leid der Kindheit auszugleichen. Ihre Angst, verletzt zu werden, ließ sie abweisend erscheinen. Beziehungen zu anderen Menschen fielen ihr schwer, auch ihre Geschwister brachen mit ihr. Sie weigerten sich, ihren Anteil an der schwierigen Persönlichkeit der Schwester zu sehen. Stattdessen bescheinigten sie ihr ein »Talent zum Unglücklichsein«.[2] Diana Kempff blieb einsam, sie hat es erkannt, aber nicht ändern können: »Was du totwünschst versteint aber schmilzt nicht«, schrieb sie.[3] Mit 60 Jahren starb sie nach langer Krankheit. Schon vorher war sie als Dichterin verstummt.

Aus dem Werk

Sich vorbereiten
auf den Herbst
ablegen
die verwaschenen Passionen
von Juli August

Sich nicht vormachen
einen Schritt weiter
zu sein im Oktober

Mich ans Gewöhnliche
nicht gewöhnen zu können
ist meine einzige Waffe

Ich schneide mich
ins eigene Fleisch[4]

Schloss Thurnau

**Spuren-
suche**

Spurensuche im Schloss

Diana Kempff wurde auf Schloss Thurnau, eine der
größten Schlossanlagen in Oberfranken geboren.
Ihre Mutter war allein bei der Geburt. Der Vater, der
eine Hebamme holen sollte, kam nicht weiter als bis
zur Schlosstreppe. Weil er wegen der Ausgangssper-
re der amerikanischen Besatzungsmacht Schwierigkeiten befürchtete, blieb er einfach dort stehen. Zehn
Jahre lebte Diana Kempff in diesem Schloss, das der
Familie ihrer Mutter, Helene Hiller von Gaertingen,
gehörte, zu dieser Zeit aber auch zahlreichen Flücht-
lingen eine Unterkunft bot. Die Beschreibungen in
ihrem Buch »Fettfleck« lesen sich wie eine Führung

aus Kindermund. Sie erzählt vom Schlosspark mit seiner Lindenallee und dem Schwanenteich, von der Kemenate, dem ältesten Teil der Anlage, wohin sich ihre Mutter zurückzog, wenn sie Ruhe haben wollte. Vom Ziehbrunnen im Hof wusste sie, dass an seinem Grund Seen waren, in denen seltsame Wesen lebten. Das ganze Schloss war für das Kind Diana von Gespenstern bewohnt. Da war der Teufel, den sie am Turm gesehen hatte, der Drache auf der Weiherwiese, der nicht tot war, sondern nur schlief, das Gespenst im Flurschrank, der Schlosszwerg mit den roten Augen und der spitzen Nase. Sie fürchtete sich vor diesen Wesen, doch nicht so sehr wie vor ihren Peinigern, den anderen Kindern, vor denen sie sich im Kutschenhaus in einer schwarzen Kutsche versteckte oder in einer Hafertruhe im Marstall verkroch. Geholfen hat es ihr nicht. Sie wurde gefunden, durch die Zimmer gejagt, in die Standuhr eingesperrt.

Nichts mehr erinnert heute an diese Schrecken, wenn man das Schloss als Hotelgast, als Seminarteilnehmer oder im Rahmen einer Führung besucht. Doch viele der beschriebenen Orte sind erhalten. Im Kutschenhaus etwa finden Veranstaltungen statt, die Kemenate und Schlosshöfe sind Teile der Besichtigungstouren, die jeden Sonntag durchgeführt werden.
Wer das Schloss näher kennenlernen möchte, kann sich unter der folgenden Adresse informieren:
Schloss Thurnau. Marktplatz 1, 95349 Thurnau
www.schloss-thurnau.de (Hotel und Restaurant)
www.thurnau-schlossprojekt.de (Führungen und Veranstaltungen)

**Hinter-
grund**

Der Kleist-Preis

Der Literaturpreis wird von der Heinrich-von-Kleist-Gesellschaft vergeben. Er ist mit einer Preissumme von 20.000 € verbunden. Nach Aussage der Gesellschaft soll er kein Preis für ein Lebenswerk sein, sondern ein Preis für risikofreudige Autorinnen und Autoren, die »wie Kleist als Vordenker für die Zukunft gelten können und deren Werk von nachhaltiger literarischer Qualität zu sein verspricht«. Diana Kempff erhielt ihn 1986 für ihre Fantasie »Der Wanderer«.

Nähere Informationen: www.heinrich-von-kleist. org/kleist-gesellschaft

Lesenswert

Romane und Gedichte

Unter dem Projektnamen »rowohlt repertoire« legt der Rowohlt Verlag seit einigen Jahren Titel wieder auf, die lange vergriffen waren. Dazu gehört auch Diana Kempffs Debütroman »Fettfleck«. Ermöglicht werden soll dadurch »ein Blick zurück nach vorn«.

Diana Kempff: »Fettfleck«, Rowohlt Verlag, Hamburg 2018.

Die weiteren Romane und die Gedichte der Autorin sind nur antiquarisch erhältlich, so wie diese Auswahl:

»Hinter der Grenze«, Residenz Verlag, Salzburg 1980.

»Der vorsichtige Zusammenbruch«, Residenz Verlag, Salzburg 1981.

»Der Wanderer. Fantasie«, Residenz Verlag, Salzburg 1985.

»Herzzeit. Gedichte«, Residenz Verlag, Salzburg 1983.

»Die fünfte Jahreszeit. Gedichte«, Residenz Verlag, Salzburg 2001.

Requiem für einen Baum

Ein Gewitter war der Auslöser für ein ungewöhnliches Projekt mit Gedichten von Diana Kempff. Während eines Konzerts, das die Autorin in ihrem Wohnort in Münsing besuchte, schlug der Blitz in die uralte Linde des Ortes ein. Sie war erschüttert durch deren Tod und schrieb dazu einige Gedichte. Der Komponist Jörg Widmann vertonte die Texte. Ein Jahr später wurde das Gesamtwerk im Rahmen der Holzhauser Musiktage aufgeführt. Widmann war sehr beeindruckt von Diana Kempff und ihrer Arbeit. Ihre Lyrik erschien ihm als Ausdruck einer zutiefst gequälten Seele. Versponnenheit, zerbrechliche Zartheit und eine fast brutale Härte seien gleichzeitig darin zu finden.

Die Noten

Jörg Widmann: »Sieben Abgesänge auf eine tote Linde. Nach Gedichten von Diana Kempff«, Schott Music GmbH & Co. KG, Mainz 2009.

Keine Biografie

Der Autor Anatol Regnier, der einige Zeit mit ihr zur Schule gegangen ist, hat in seinem Buch über Kinder berühmter Eltern eine kurze Erinnerung an Diana Kempff aufgeschrieben.

Anatol Regnier: »Wir Nachgeborenen«, Verlag C.H.Beck, München 2014, S. 57 ff.

Eine Biografie gibt es bisher nicht.

Der Nachlass befindet sich im Archiv der Akademie der Künste, Berlin.

www.adk.de

Anmerkungen

1   Diana Kempff: »Herzzeit«, Residenz Verlag, Salzburg und Wien 1983, S. 17.
2   Anatol Regnier, »Wir Nachgeborenen«, Verlag C.H.Beck, München 2014, S. 66.
3   Kempff, a.a.O., S. 38.
4   a.a.O., S. 10.

Register

Bildnachweis

S. 11: © Lady-Photo/istockphoto.com

S. 12: Anna Louisa Karsch, gemalt von Karl Christian Kehrer, 1790, Gleimhaus Halberstadt – Museum der deutschen Aufklärung. Foto: Gleimhaus, Ulrich Schrader

S. 17: Foto: Gleimhaus, Ulrich Schrader

S. 18: Tränenreicher Brief der Anna Louisa Karsch an Johann Wilhelm Ludwig Gleim, 1.7.1761, Gleimhaus Halberstadt – Museum der deutschen Aufklärung. Foto: Gleimhaus

S. 22: Aus: Fedor von Zobeltitz (Hg.): Briefe deutscher Frauen, Berlin 1910

S. 27: © Marburger Haus der Romantik e.V.

S. 29: Blick in den Großen Hirschgraben auf das Frankfurter Goethe-Haus und das Deutsche Romantik-Museum; Architektur: MÄCKLERARCHITEKTEN; © Freies Deutsches Hochstift, Foto: Alexander Paul Englert

S. 34: Auguste Hüssener: Porträt von Louise Franziska Aston, 1852. Stiftung Stadtmuseum Berlin, Dorin Ionita, 2021

S. 41: Historische Ansichtskarte aus dem Verlagsarchiv

S. 46: Zeno.org, um 1880

S. 51: Foto: © Dietrich Bösenberg

S. 56: © ullstein bild – Nicola Perscheid, 1907

S. 61: © ST404/Adobe Stock

S. 66: Foto: Nicola Perscheid, 1890, abgedruckt in: »Das Blatt der Hausfrau« 32/1910

S. 71: © Foto Nieder

S. 72: © Armin Radünz

S. 76: Wikimedia Commons, um 1901

S. 79: Historische Ansichtskarte aus dem Verlagsarchiv

S. 86: Privatarchiv Manfred Bosch, Konstanz (Fotograf:innenrechte ungeklärt)

S. 93: © Burg Meersburg GmbH

S. 96: Aus: »Bühne und Brettl« Nr. 10, 25.10.1903

S. 103: Foto: Matthias Michaelis / Deutsches Literaturarchiv Marbach

S. 106: Foto: Stephanie Held-Ludwig (Atelier Veritas), um 1911, zeno.org

S. 113: Historische Ansichtskarte aus dem Verlagsarchiv

S. 116: Foto: Holdt, 1920/21, Deutsches Literaturarchiv, Marbach

S. 121: Historische Ansichtskarte aus dem Verlagsarchiv

S. 123: © Claudio Colombo/Adobe Stock

S. 128: Foto: Madame d'Ora, Atelier Benda, 1929; © Österreichische Nationalbibliothek

S. 133: Foto: Rosso Robot. https://commons. wikimedia.org/wiki/File:2020-05-28_ Gemeindebau_Kronawetter-Hof_entrance.jpg

S. 138: © ullstein bild – AKG

S. 145: © Museum und Galerie Falkensee

S. 150: Foto: Franz Löwy, 1935; © Österreichische Nationalbibliothek

S. 155: © Galdric/Adobe Stock

S. 160: © Franz-Michael-Felder-Archiv, Vorarlberger Landesbibliothek

S. 165: © Markus/Adobe Stock

S. 167: © Petra Rainer

S. 168: © Kerstin Weber

S. 170: © privat

S. 177: Prager Tagblatt, 22.11.1931, ANNO/ Österreichische Nationalbibliothek

S. 180: Akademie der Künste, Berlin, Bertolt-Brecht-Archiv, Fotoarchiv 07/183, Foto: unbekannt

S. 186: © VHS Lichtenberg

S. 190: © ullstein bild – ullstein bild, veröffentlicht in: Die Dame Nr. 12 / 1942

S. 195: Historische Ansichtskarte aus dem Verlagsarchiv

S. 205: © Denys Kuvaiev/Adobe Stock

S. 207: © Sergey Ryzhkov/Adobe Stock

S. 208: © Tatyana Kabakova/Adobe Stock

S. 212: Privatarchiv Luise F. Pusch; Foto: unbekannt

S. 218: © Frauenmuseum/Ellen Junger

S. 220: Foto: © Britta Jürgs

S. 224: Akademie der Künste, Berlin, Inge-Müller-Archiv, Sign. 512, Foto: unbekannt

S. 230: © Britta Jürgs

S. 234: © Dr. Wolfgang Kudrnofsy; Aufnahme aus dem Hertha Kräftner-Archiv von Dr. Günter Unger

S. 239: © Café Raimund, Wien

S. 244: Bundesstiftung zur Aufarbeitung der SED-Diktatur, Archiv unterdrückter Literatur in der DDR, Edeltraud Eckert

S. 249: © Stiftung Sächsische Gedenkstätten

S. 254: © SLUB Dresden / Deutsche Fotothek / Christian Borchert

S. 259: © Dirk Bleicker

S. 264: © Isolde Ohlbaum

S. 269: © Günter Karittke

S. 283: © Foto Bonn

Verlag und Autorin möchten sich bei all denjenigen bedanken, die Bilder und Texte für dieses Buch zur Verfügung gestellt haben oder die bei der Suche behilflich waren. Wir haben uns bemüht, alle Rechteinhaberinnen und Rechteinhaber ausfindig zu machen. In einzelnen Fällen ist uns dies leider nicht gelungen. Wir sind für jeden Hinweis dankbar.

Danksagung

Ich danke meiner mutigen Verlegerin Britta Jürgs, die mir mit diesem Projekt in der lähmenden Corona-Zeit einen Aufbruch ermöglicht hat.

Viele engagierte, hilfsbereite Menschen haben mir dabei geholfen, meine Idee zu verwirklichen: Mitarbeiter und Mitarbeiterinnen von Museen, Stadtverwaltungen, Tagungsstätten, Heimatverbänden, Universitäten, Freundeskreisen, Buchhandlungen, Antiquariaten und Archiven haben mich bei meiner Recherche unterstützt und angeregt. Ihnen allen ein großes Dankeschön.

Dem Journalisten Uwe Czier danke ich für seine wertvollen Informationen über Lilli Recht.

Besonders berührt hat mich, dass Dr. Barbelies Wiegmann die Erinnerungen an ihre Freundin Caroline Muhr mit mir geteilt hat. Dafür sage ich einen sehr herzlichen Dank.

Meinen Freundinnen Dr. Dagmar Scherf und Sibylle Sailer und meinem Freund Armin Radünz danke ich für ihre Anteilnahme und ihre Geduld, mit der sie mich bei meiner Arbeit unterstützt und ermutigt haben.

Der größte Dank geht an meine Tochter Katrin Lankers. Kompetent und genau hat sie jedes meiner Porträts unter die Lupe genommen und mit ihrer beharrlichen, liebevollen Kritik dafür gesorgt, dass es so gut wie möglich wird.

Über die Autorin

Iris Schürmann-Mock war Journalistin und Pressesprecherin, unter anderem im Familienministerium, gründete die Zeitschrift für Kinder- und Jugendmedien »Eselsohr« und schreibt in Bornheim zwischen Köln und Bonn erzählende Sachbücher für Erwachsene, gereimte Kindergeschichten und Gedichte für alle. Außerdem macht sie Lesungen mit und ohne Musik, Workshops und literarische Spaziergänge. Im AvivA Verlag hat sie 2019 den Band »Frauen sind komisch. Kabarettistinnen im Porträt« veröffentlicht.

Weitere Porträtbände im AvivA Verlag

Iris Schürmann-Mock
**»Frauen sind komisch.
Kabarettistinnen im Porträt«**
Hardcover m. Leseband, 224 S. m. Abb., 20 €
ISBN 978-3-932338-76-2

Iris Schürmann-Mock stellt zehn Frauen
vor, ohne die die Geschichte des Kabaretts
nicht denkbar wäre: Porträtiert werden:
Marya Delvard, Liesl Karlstadt, Valeska
Gert, Erika Mann, Lore Lorentz, Helen Vita,
Barbara Kuster, Maren Kroymann, Gerburg
Jahnke, Carolin Kebekus sowie in Kurzport-
räts 50 weitere Künstlerinnen aus
120 Jahren von Lioba Albus bis Anka Zink.

»Schürmann-Mock beschreibt amüsant und doch einfühlsam
sowie kenntnisreich in Bezug auf die historischen Zusammen-
hänge das Leben und Werk der Künstlerinnen.«
(Anja Weigerding, ekz)

Hanna Gagel
**»So viel Energie. Künstlerinnen in der
dritten Lebensphase«**
Hardcover m. Leseband,
268 S. m. Abb., 32 €
ISBN 978-3-949302-16-9

Käthe Kollwitz schuf ihre berühmte »Pietà«
erst im Alter von 70 Jahren und Louise
Bourgeois war bereits 88, als ihre gigantische Installation »Maman« die Londoner
in der Tate Modern begeisterte. Wie viel
Kreativität und künstlerisches Potenzial in
den späten Jahren steckt, zeigen sechzehn exemplarische Porträts von Malerinnen und Bildhauerinnen jenseits der 50.

»Ein Plädoyer für die Kraft des Alters, ein beeindruckendes
Buch über die ungeheure Vitalität dieser Frauen, die nach
Lebenskrisen – frei von Zwängen – zu sich selbst und zu ihrer
Kunst finden.« *(Tanja Beuthien, art)*

Neuerscheinungen im AvivA Verlag

Rose Macaulay
»Was nicht alles.
Eine prophetische Komödie«
Hg., übersetzt u. m. einem Nachwort
v. Josefine Haubold
Hardcover m. Leseband, 288 S., 22 €
ISBN 978-3-949302-07-7

Der wiederentdeckte Roman
von Rose Macaulay aus dem Jahr 1918
schildert mit viel Erfindungsreichtum
eine neue, fiktive Gesellschaftsordnung
nach dem »Großen Krieg«.

»›What Not‹ stellt viele Fragen zu den
Ideologien charismatischer Führer im
Dienste des Autoritarismus und stellt
gleichzeitig die Erfahrungen berufstätiger, unabhängiger
Frauen in den Mittelpunkt – ein Jahrhundert alt und doch
unerwartet aktuell.« *(Women's Review of Books,*
Besprechung der englischen Neuausgabe)

Luise F. Pusch
»Gegen das Schweigen.
Eine etwas andere Kindheit und Jugend«
Hardcover m. Leseband, 272 S. m. Abb., 22 €
ISBN: 978-3-949302-09-1

Von den ersten Nachkriegsjahren in die
Swinging Sixties: Die 1944 in Gütersloh ge-
borene feministische Sprachwissenschaft-
lerin und Autorin Luise F. Pusch beschreibt
ihre Kindheit in Ostwestfalen, ihre Schul-
zeit und den Beginn ihres Studiums an der
Uni Hamburg. Sie erzählt, wie sie ihren
Glauben verlor, warum sie mehr für Lilli
Palmer als für Romy Schneider schwärmte
und wie sie einen neuen Vornamen fand.
Sie schildert den Weg zum Plattenspieler und den Versuch,
Trost in der Musik zu finden, und berichtet von
ihrer genialen Freundin und besonderen Freitagen.
Und sie erzählt die Geschichte einer lesbischen jungen Frau
im Zeitalter der Ultra-Homophobie.

Leseproben und weitere Informationen über unser
Verlagsprogramm finden Sie unter www.aviva-verlag.de

Umschlagabbildung: Junge Frau im Jahr 1950,
© Lady-Photo/istockphoto.com
Lektorat: Britta Jürgs
Korrektorat: Maria Röger
Layout und Satz: Kerstin Weber
Druck: Finidr, s.r.o.
Printed in Europe

1. Auflage 2022
© 2022 AvivA Verlag
AvivA Britta Jürgs GmbH
Emdener Straße 33, 10551 Berlin
info@aviva-verlag.de, www.aviva-verlag.de

ISBN 978-3-949302-08-4